Acessórios

POR QUE, QUANDO E COMO USÁ-LOS

Titta Aguiar
http://www.tittaguiar.com.br
titta@tittaguiar.com.br

Dados Internacionais de Catalogação na Publicação (CIP)
(Simone M. P. Vieira - CRB 8ª/4771)

Aguiar, Titta

    Acessórios : por que, quando e como usá-los / Titta Aguiar – 4. ed. –São Paulo: Editora Senac São Paulo, 2021.

    ISBN 978-65-5536-735-5 (impresso/2021)
    e-ISBN 978-65-5536-736-2 (ePub/2021)
    e-ISBN 978-65-5536-737-9 (PDF/2021)

    1. Acessórios do vestuário 2. Consultores de imagem 3. Moda 4. Vestuário I. Título

21-1320t   CDD – 646.48
                                                          BISAC DES005000

Índice para catálogo sistemático:

1. Acessórios : Vestuário : Beleza pessoal   646.48

Acessórios
POR QUE, QUANDO E COMO USÁ-LOS

TITTA AGUIAR

4ª edição

Editora Senac São Paulo – São Paulo – 2021

Administração Regional do Senac no Estado de São Paulo
Presidente do Conselho Regional: Abram Szajman
Diretor do Departamento Regional: Luiz Francisco de A. Salgado
Superintendente Universitário e de Desenvolvimento: Luiz Carlos Dourado

Editora Senac São Paulo
Conselho Editorial: Luiz Francisco de A. Salgado
　　　　　　　　　　　Luiz Carlos Dourado
　　　　　　　　　　　Darcio Sayad Maia
　　　　　　　　　　　Lucila Mara Sbrana Sciotti
　　　　　　　　　　　Luís Américo Tousi Botelho

Gerente/Publisher: Luís Américo Tousi Botelho
Coordenação Editorial/Prospecção: Dolores Crisci Manzano e Ricardo Diana
Administrativo: grupoedsadministrativo@sp.senac.br
Comercial: comercial@editorasenacsp.com.br

Edição de Texto: Luciana Garcia
Preparação de Texto: Vanessa Rodrigues
Revisão de Texto:　Denise de Almeida, Ivone P. B. Groenitz, Jussara R. Gomes,
　　　　　　　　　　Leia M. F. Guimarães, Leticia Castello Branco, Luiza Elena Luchini
Projeto Gráfico, Editoração Eletrônica e Capa: Manuela Ribeiro
Ilustrações: Fernanda Guedes
Impressão e Acabamento: Gráfica Coan

Proibida a reprodução sem autorização expressa.
Todos os direitos desta edição reservados à
Editora Senac São Paulo
Rua 24 de Maio, 208 – 3º andar – Centro – CEP 01041-000
Caixa Postal 1120 – CEP 01032-970 – São Paulo – SP
Tel. (11) 2187-4450 – Fax (11) 2187-4486
E-mail: editora@sp.senac.br
Home page: http://www.livrariasenac.com.br

© Fátima Aguiar Lopes Svitek, 2006

Nota do editor, 7

Dedicatória, 9

Agradecimentos, 11

PARTE 1

Acessórios: uma introdução, 19

Estilo pessoal × acessórios, 38

Guarda-roupa × acessórios, 45

Tipo físico × acessórios, 53

Roupa de trabalho × acessórios, 63

PARTE 2

Sapatos, **71**

Bolsa, **97**

Cinto e meias, **115**

Óculos, **123**

Lenço, broche, máscara e acessórios para cabelo, **137**

Bijoux, **151**

Joias, **161**

Chapéu, relógio, luvas e guarda-chuva, **173**

Acessórios masculinos, **185**

Estilo made in Brazil, **199**

Créditos: acessórios e fotografias, **209**

Índice geral, **211**

Nota do editor

Na atividade de mais de meio século dedicada à educação para o trabalho, o Senac São Paulo está atento às modificações que se processam na sociedade e encontram acolhida no campo da moda e da beleza. Em um momento decisivo, em que profissões como a consultoria de imagem estão ganhando cada vez mais espaço, este livro ocupa-se da análise do efeito dos acessórios no visual como um todo, oferecendo possibilidades múltiplas de estudo e técnica na composição do look.

Capazes de transformar por completo uma imagem, os acessórios podem também ser considerados estratégia fundamental no styling de grandes estilistas em todo tipo de produção e, em decorrência desse poder, cada vez mais estão presentes em todo tipo de ponto de venda de vestuário.

Ciente de tal importância, Titta Aguiar faz aqui amplo levantamento do que concerne ao uso de acessórios, sempre com um sentido de informação acessível ao leigo ou leiga no assunto. Nisso teve a colaboração da ilustradora Fernanda Guedes, renomada especialista – embora não restrita – em desenhos para a área de moda.

Dedicatória

Este livro é dedicado às **Marias**, espalhadas pelo Brasil.

Marias que conheci percorrendo este nosso país. Artesãs incógnitas, representantes de nossa herança cultural, de um talento inestimável, na maioria das vezes não reconhecido.

Mulheres que trabalham o dia todo por um litro de leite, mas com um sorriso cintilante no rosto e uma esperança no olhar...

Como já dizia Milton Nascimento, em sua música "Maria, Maria":

"É preciso ter sonho sempre, quem traz na pele esta marca possui a estranha mania de ter fé na vida".

Ofereço a essas **guerreiras** meu reconhecimento e faço um pedido aos profissionais da moda e à imprensa:

Não se esqueçam de nossas Marias.

Agradecimentos

Não poderia deixar de agradecer as contribuições que recebi para este livro, como as dicas preciosas de Marilú Teixeira, uma das mulheres mais elegantes que conheço, avó de minha filha, Natascha.

Ao doutor Gustavo Tilmann, pelo seu excelente trabalho profissional.

Aos *hair stylists* Francisco de la Lastra e Carlos Nascimento.

Ao fotógrafo Dawis Villar.

À Berlla Bijuterias.

À empresária Vera Masi, criadora da Bijoias, maior evento de acessórios do Brasil.

E a todos da Editora Senac São Paulo que contribuíram para que este livro se torne mais um sucesso.

Os primeiros seres humanos enfeitavam seus corpos com ornamentos, antes mesmo de passar a vestir roupas. A vaidade humana não tem limites.

Titta Aguiar

os *acessórios* são

A *chave* DA MODA:

enriquecem looks, são indicadores de
estilo, multiplicadores de guarda-roupa,
dizem para onde você está indo e de onde
você veio, falam a mesma língua que você,
são extremamente versáteis, reforçam
a personalidade do seu look, são
fascinação, emoção, prazer...

Parte 1

Acessórios: uma introdução

POR QUÊ?

Os acessórios se tornaram o ponto fundamental da composição de um look. A palavra como definição de complemento de uma roupa ficou pequena para o vasto poder que desempenha, deixando de ser simplesmente um "acessório".

Do colar de dentes de animais selvagens dependurados no pescoço por um farrapo de couro, como símbolo de poder, às sofisticadas peças com materiais *high-tech*, os acessórios estão envoltos por fetiche e paixão. Eles diferenciam as pessoas que os usam, confirmando seu estilo pessoal – não importa qual seja ele –, tanto no universo feminino como no masculino, dependendo da liberdade de expressão de cada um.

Costumo brincar, dizendo: "Se saio de casa sem um belo colar, brinco, anel ou qualquer outro acessório, sinto-me pelada, sem estilo. Posso me esquecer da roupa, mas dos acessórios, nunca!!!". De fato, os acessórios que usamos desempenham um papel importantíssimo na comunicação não verbal, ou seja, na maneira como nos comunicamos através do modo como nos vestimos.

Esta é uma das áreas que mais crescem no mercado de moda, impulsionada pelo alto consumo. Afinal, é muito mais fácil adquirir um complemento para a roupa do que uma roupa nova. Os acessórios otimizam custos ao permitir que você se mantenha atual, passando por várias estações, apenas modificando a maneira como os usa. Minha dica é: compre roupas básicas – tanto na cor quanto no estilo –, de alta qualidade e excelente caimento e tenha vários acessórios. Você ganhará muitas combinações de looks.

Somos abençoados no Brasil pela vasta diversidade de materiais. São sementes, palha, pedras... enfim, uma natureza muito rica em matéria-prima, que nos permite ter inúmeras opções de adornos criados por estilistas maravilhosos – às vezes anônimos, às vezes premiados internacionalmente –, que sabem como ninguém criar peças com inusitadas combinações de elementos, tornando nossos acessórios privilegiadíssimos em qualquer parte do mundo. Somos muito místicos; acreditamos no poder das pedras, em amarrar fita do Bonfim no pulso e fazer três pedidos (e esperar até mais de um ano com um verdadeiro trapo no pulso para que ele se arrebente e o desejo seja realizado). Tudo isso é a cara do povo brasileiro; é uma característica tão forte de nossa personalidade que faz com que hoje acessórios com ícone de sorte sejam o maior sucesso lá fora.

A intenção deste livro, um verdadeiro "guia" de acessórios, é ajudar você a compor seu visual utilizando o acessório como uma ferramenta de valorização pessoal. Afinal, a maneira como você os coloca pode enriquecer ou, se não souber como usá-los, destruir sua aparência.

Se você ainda não se entregou aos encantos desta "febre", depois de ler este livro certamente não conseguirá sair de sua próxima visita ao *shopping* sem um novo acessório.

QUANDO E COMO?

A tendência da moda hoje diz que se usa praticamente de tudo – uma liberdade de expressão total. Seria tudo mais fácil se a moda atual indicasse, por exemplo, um colar de pérolas como acessório, pois você dificilmente se perderia na hora de se vestir. O leque de opções é muito amplo, fazendo com que a informação, o bom gosto, o bom-senso e seu estilo pessoal prevaleçam na hora da composição do look.

Com excesso de produção ninguém fica bonita; ao contrário: fica ainda mais distante da elegância, parecendo uma árvore de Natal. Mas como fugir dessa armadilha?

Sugiro algumas dicas básicas, para você associá-las com outras informações que seguem nos próximos capítulos deste guia.

Nunca se esqueça da velha regra que ainda hoje é considerada a melhor: o bom-senso impera. Olhe-se no espelho antes de sair de casa. Se achar que está usando algo a mais, na dúvida, tire! Se achar que seu look está desadornado, adicione!

Na hora da combinação das peças, leve em conta colares, brincos, anel, pulseira, sapatos, bolsa, cinto, etc.

Combine o estilo, e/ou...

Acessórios: uma introdução

... combine cor e estilo, e/ou...

Acessórios: por que, quando e como usá-los

24

... combine o material, e/ ou...

... combine estilo, material e cor!

Acessórios: por que, quando e como usá-los

Eleja um dos acessórios de seu look o "rei", ou seja, o que mais vai se destacar; os outros ficam em *terceiro* plano. Se você colocar duas ou mais peças chamativas no mesmo look, uma brigará com a outra, estragando o visual.

CORES

A escolha de cores em um look depende de seu estilo pessoal, mas aí vão algumas dicas:

- roupas de cores mais fortes: opte por acessórios mais neutros;
- roupas de base neutra: ficam ótimas com sapato colorido;
- roupas pretas: ficam bem com acessórios de qualquer cor;
- roupas de cores apagadas, como bege ou cinza: use um acessório de cor forte;
- se você colocou uma sapatilha laranja, opte por uma bolsa caramelo;
- aposte em tirar de um detalhe da roupa a cor de seu acessório, ou vice-versa;
- se você usar calça comprida com sapato esportivo, poderá combinar a cor da meia tanto com o sapato quanto com a calça;
- combine sua bolsa com a roupa que está usando; se a combinação for na mesma cor, a silhueta parecerá mais alongada;

- combine estes materiais sem medo: cetim + camurça; verniz + couro; cobra + couro; camurça + couro; lona + couro; palha + couro;
- roupas *off-white* (branco sujo): opte por acessórios em tons terrosos;
- dica elegante: terninho branco + sapato bicolor chanel cru, com biqueira azul-marinho ou preta.

A tendência quanto ao banho do material vai e vem. Seja dourado, prata ou ouro velho, o que você mais deve levar em consideração é o banho da peça que mais valoriza sua coloração pessoal. Descobrir as cores que mais harmonizam e uniformizam os traços de seu rosto, suavizando a textura de sua pele, é essencial para que você tenha uma fisionomia mais saudável.

Acessórios banhados em prata, ouro e ouro velho.

O estudo chamado "colorimetria" define quais as cores que mais valorizam cada um. Para quem não fez o teste de coloração pessoal, a dica é: aproxime de seu rosto o acessório que vai usar, olhe-se no espelho e veja se está valorizando você.

Hoje se diz que o brilho não briga mais com a luz do dia. De bolsas bordadas a roupas, a ordem é brilhar. Mas espere um pouco! Lembre-se do bom-senso! Fica fora de questão usar um acessório com muito brilho, exuberante, durante o dia. Deixe os poderosos para quando a noite chegar. E não esqueça que a situação – seja festa, seja jantar – também deve ser levada em conta.

Os acessórios prateados são mais discretos do que os dourados. Caso queira um meio-termo, opte pelo ouro velho.

ACESSÓRIOS & CORES

Rogéria Maciel (consultora de imagem)

Acessórios são objetos de comunicação, são multiplicadores no vestir e são verdadeiros potencializadores do nosso estilo pessoal – trazem bossa e malemolência para a nossa imagem. Costumo dizer que são a "cereja do bolo".

Cor é luz, cor é energia... tem a ver com sensações, com emoções. É também um agente poderoso de comunicação – a cor é aquela que chega primeiro... de cara, já traduz uma informação de quem é você!

Entender essa comunicação é ter ferramentas para construir uma imagem coerente, assertiva e inteligente do seu estilo pessoal.

Existem maneiras mais fáceis e seguras de combinar cores e acessórios – o processo é muito parecido com o de combinar cores nas roupas.

Acessórios: por que, quando e como usá-los

O *círculo cromático* é uma ferramenta incrível, composto de 12 cores, sendo três primárias, três secundárias e seis terciárias. Vem lá do universo dos artistas, arquitetos, decoradores – pessoas ligadas diretamente ao universo colorido – e pode nos auxiliar e muito nesse processo de combinações!

Podemos classificar acessórios e suas cores da seguinte maneira:

— mais coloridos ou mais neutros;
— mais intensos ou mais suaves;
— mais claros ou mais escuros.

Tudo também vai depender do estilo de cada pessoa, da intenção que queremos comunicar e da ocasião em que vamos usar os acessórios.

E, olha, posso lhe dizer que são muitas as variáveis.

FALAR DE COR É FALAR DE *harmonia*.

Mas, antes, precisamos entender as características que definem as cores:

- **Temperatura** – cores quentes (com pigmentos amarelos) e cores frias (com pigmentos azuis).

- **Luminosidade** – cores claras (com mais adição de branco) e cores escuras (com mais adição de preto).

- **Intensidade** – cores vivas (mais saturadas) e cores suaves (com adição de cinza).

- **Relações no círculo cromático** – as combinações entre as cores: monocromáticas, análogas, complementares, tríades e outras.

Dica da Rô: todas as cores combinam com todas as cores! O que pode fazer com que uma combinação seja mais harmônica ou menos harmônica são as variações entre as tonalidades – tudo depende do tom certo!

Ao entender as características das cores, entendemos suas traduções e mensagens:

Na temperatura:

cores quentes: aproximam
cores frias: distanciam

Na luminosidade:

cores claras: expandem
cores escuras: retraem

Na intensidade:

cores vivas: trazem modernidade
cores suaves: trazem seriedade

Combinando as cores usando o círculo cromático

Vale combinar:

- roupas × acessórios;
- acessórios × acessórios — brincos com colares, colar com anéis, sapatos com bolsas.

Combinações monocromáticas: mesma cor ou variações de tom da mesma cor — são combinações elegantes e de menor contraste. Exemplos: azul com azul, vermelho com vermelho e suas variações tonais.

Combinações análogas: cores vizinhas no círculo cromático — são combinações com menos chance de erro; o contraste entre essas cores é médio, porque são cores com pigmentos parecidos e/ou próximos. Exemplos: azul com verde, vermelho com laranja.

Combinações complementares: são as contrárias no círculo cromático – são combinações mais criativas e ousadas; o contraste entre essas cores é maior, porque são cores com pigmentos opostos. Exemplos: azul com laranja, roxo com amarelo, verde com vermelho.

Espero ter ajudado a pensar nas cores como uma superaliada nas suas escolhas diárias. Como sempre digo: o acessório mais bacana é aquele que te representa.

Dica da Rô: sabemos que hoje em dia não existe o certo e o errado – tudo é muito definido pela sua personalidade, pelo seu estilo de vida e até mesmo pela ocasião em que são feitas as suas escolhas! Entendendo a técnica, a gente pode ir preparada para o jogo!

Tire proveito da versatilidade dos acessórios: um "acessório-curinga" pode se transformar em várias opções.

Este colar pode se transformar em cinto, pulseira ou várias opções de outros colares.

As correntes são muito maleáveis e atemporais. Se você não usa um colar ou pulseira de corrente por causa de alergia, amarre um pedaço de fio de seda de cada lado atrás do pescoço. Dessa maneira, a corrente não encostará na sua pele.

Estilo pessoal x acessórios

Sua maneira de se vestir mostra quem é você, ou seja, sua personalidade, sua idade, seu nível social, sua profissão... Somos criaturas completamente visuais; grande parte de nossa comunicação é feita por nossa aparência. Somos analisados e identificados através de nosso estilo.

O acessório é um poderoso comunicador visual e deve estar em harmonia com nossa maneira de ser e de se vestir.

Sabendo identificar seus estilos (temos até três estilos, dos quais um é predominante), fica fácil você passar sua mensagem através da roupa da maneira que planejou. Vou exemplificar para que fique mais claro: se você vai a uma entrevista de emprego formal usando um brinco enorme, brilhante, acompanhado de uma sandália cheia de pingentes, amarrada no tornozelo, certamente não está passando a imagem de credibilidade pretendida pela empresa; você está sexy demais para certa formalidade exigida – sua comunicação funcionou contra você. Outro exemplo: você vai a um happy hour e está querendo conhecer alguém. Veste-se com uma camisa branca, fechada quase até o pescoço, uma calça larga, um sapato fechado e um brinco pequeno de pérola. Foi criada uma barreira contra as outras pessoas; o ar ficou excessivamente contido, reservado; sua roupa falou por você: "Não converso com quem não conheço". Provavelmente vai passar a noite sozinha e não atingirá seus objetivos. A comunicação visual falhou.

Encontre a seguir seus estilos prediletos e faça uma adaptação dos escolhidos dentro das necessidades de seu dia a dia.

ESTILO ESPORTIVO

palavra-chave: praticidade
imagem: jovem, comunicativa
ocasião ideal: situações informais
PERIGO!: festas e trabalho formal

ESTILO SEXY

palavra-chave: glamour
imagem: poderosa, excitante
ocasião ideal: festas, *shows*
PERIGO!: ambiente de trabalho, reuniões de escola

ESTILO ROMÂNTICO

palavra-chave: feminilidade
imagem: delicada, frágil
ocasião ideal: jantares românticos
PERIGO!: ambiente de trabalho

ESTILO TRADICIONAL OU CLÁSSICO

palavra-chave: clássico
imagem: conservadora, contida
ocasião ideal: trabalho
PERIGO!: ocasiões de descontração

ESTILO ELEGANTE

palavra-chave: sofisticação
imagem: poderosa, *chic*
ocasião ideal: atividades proeminentes
PERIGO!: ocasiões em que é preciso se comunicar informalmente

ESTILO DRAMÁTICO OU MODERNO

palavra-chave: modernidade
imagem: firme, contemporânea
ocasião ideal: eventos como *vernissage*
PERIGO!: ocasiões em que não é indicado chamar a atenção

ESTILO CRIATIVO

palavra-chave: liberdade de expressão
imagem: aventureira, étnica
ocasião ideal: trabalhos na área de arte, moda e publicidade
PERIGO!: profissões conservadoras

Guarda-roupa x acessórios

Quantas vezes você passou pela situação de estar em frente a seu guarda-roupa repleto e, mesmo assim, olhar para ele e pensar: "Não tenho nada para vestir"? Ele com certeza está completamente desorganizado e, quanto mais roupas e acessórios você guardar lá dentro, mais confuso ficará. Em meu livro *Personal stylist: guia para consultores de imagem*,[1] dou dicas detalhadas de como fazer o planejamento do guarda-roupa.

Fica difícil você adquirir qualquer acessório se não conhece a fundo quais roupas possui. Pegue um dia em que esteja livre, coloque uma música e mãos à obra.

ETAPA 1

Tire as roupas que você não veste há mais de um ano; aquelas que você teve a oportunidade de usar, mas que não a fazem sentir bem e por isso mesmo não saem do armário. Essas peças certamente foram compradas por impulso.

---

[1] Titta Aguiar, *Personal stylist: guia para consultores de imagem* (São Paulo: Editora Senac São Paulo, 2003).

ETAPA 2

Tire tudo o que estiver com aparência de velho e desgastado. Aquela história de que "só usa para ir ao supermercado" não cola. Você acaba encontrando pessoas conhecidas.

ETAPA 3

Repare na modelagem, no comprimento, na largura da roupa. Na dúvida, experimente-a. Olhe-se no espelho de todos os lados, veja se a roupa está valorizando seus pontos físicos fortes e disfarçando os pontos fracos. Caso esteja surtindo o efeito contrário, dispense-a.

ETAPA 4

As cores são fundamentais para lhe dar um ar saudável. Aproxime a blusa de seu rosto à luz natural e veja se o efeito obtido é o de iluminar. Se a roupa a deixar abatida, use um acessório com brilho ou de uma cor que quebre esse efeito. Lembre sempre que brincos de strass iluminam o rosto.

ETAPA 5

Separe o que você selecionou para continuar no guarda-roupa por atividade, ou seja: roupa de trabalho, lazer dia, lazer noite, festa.

ETAPA 6

Pegue seus acessórios e os distribua entre suas roupas, formando looks adaptados à ocasião e dentro do estilo.

ETAPA 7

Faça uma lista dos acessórios que precisa comprar. Por exemplo: você pode ter um belo par de sapatos, mas não possuir uma bolsa para combinar com ele; ter um vestido lindo, mas faltar um colar, etc. Não é necessário comprar tudo de uma vez; faça isso conforme suas possibilidades. O importante é ter consciência do que está comprando. Mantendo seu guarda-roupa organizado, você terá mais opções de looks, não se perderá na hora de se vestir e economizará tempo. Roupas básicas, como calça jeans, camisa e camiseta brancas, vestido preto, terninho básico, podem se multiplicar com a variação de acessórios.

Um volume menor de roupas – porém bem coordenadas entre si – e uma boa variedade de acessórios são ideais para quem quer ter um guarda-roupa prático.

CONFIRA A VERSATILIDADE DE UM VESTIDO PRETO

Com este look você vai a um almoço, ao cinema, a um happy hour...

Acessórios: por que, quando e como usá-los

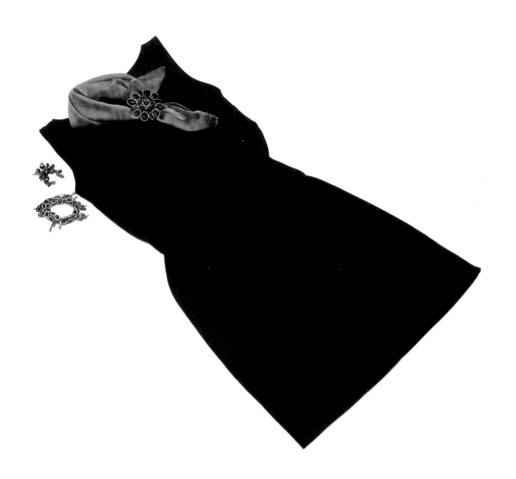

Com este look você vai ao trabalho formal.

Guarda-roupa × acessórios

Acessórios: por que, quando e como usá-los

Com este look você vai a um jantar, a um coquetel, ao teatro...

50

Com este look você vai a um casamento, a uma festa...

Tipo físico x acessórios

Para valorizar nosso tipo físico, é necessário conhecê-lo. Você vai dizer: "Mas é lógico que eu me conheço", e eu lhe perguntarei: "Será??".

Ao nos olharmos no espelho, nos posicionamos vestidos, sem enxergar o que está dentro da roupa, desconhecendo o nosso próprio corpo. Tudo o que usamos em nosso corpo cria uma proporção. Precisamos fazer com que a roupa trabalhe a nosso favor. Ou seja, quando sabemos de nossos pontos fortes e fracos, fica mais fácil valorizar o que temos de melhor e disfarçar imperfeições. Olhe-se no espelho sem roupa de todos os lados: frente, costas, lateral. Seja crítica, mas não perversa; anote em um papel tudo o que você tem de bonito no corpo e o que não tem. A partir daí, saberemos exatamente o que valorizar ou esconder. O acessório é um poderoso aliado. Descubra como:

SE VOCÊ ESTÁ ACIMA DO PESO (SENDO ALTA OU BAIXA)...

Evite: acessórios muito miúdos, como brincos, colares, anéis e bolsas, pois eles podem desaparecer em seu visual, e os grandes demais, que lhe dão um volume extra.
Melhor escolha: opte pelo tamanho intermediário.

SE VOCÊ POSSUI PESCOÇO CURTO E LARGO...

Evite: qualquer tipo de colar apertado no pescoço, como gargantilha, e também lenços ou cachecóis amarrados rente a ele.
Melhor escolha: colares mais longos e de volume médio; lenços ou cachecóis mais frouxos, de modo que deixem um pedaço do pescoço à mostra.

SE VOCÊ POSSUI BRAÇOS VOLUMOSOS...

Evite: usar pulseiras, principalmente as que ficam justas ao braço.
Melhor escolha: valorize sua mão com um belo anel.

Acessórios: por que, quando e como usá-los

54

SE VOCÊ POSSUI VOLUME NA REGIÃO DA BARRIGA...

Evite: cintos que marquem a cintura. O cinto traça uma linha horizontal, automaticamente contornando o corpo e aumentando o volume que já existe.
Melhor escolha: use outro tipo de acessório que não seja localizado na barriga.

SE VOCÊ ESTÁ MUITO ACIMA DO PESO...

Evite: sapatos de salto muito fino; pode ocorrer uma quebra, deixando-a descalça no meio do caminho.
Melhor escolha: saltos mais grossos e não muito altos.
Evite: bolsas muito pequenas, mesmo que sejam para acompanhar uma roupa de festa. Tente encontrar uma social de tamanho maior, mas, por favor, não vá com um saco a tiracolo!
Melhor escolha: para o dia a dia, bolsas de tamanho médio. Se sua altura permitir, use as de tamanho grande.

SE VOCÊ É BAIXINHA...

Evite: acessórios grandes, pois você pode desaparecer no meio deles.
Melhor escolha: acessórios de tamanho médio a pequeno.
Evite: colares cheios e curtos, pois eles lhe tiram a altura.

Melhor escolha: colares longos, mas sem exageros, que fazem uma linha vertical e, consequentemente, alongam o visual.

Evite: bolsas muito grandes, tipo saco, assim como a bolsa a tiracolo, pois achatam a silhueta.

Melhor escolha: bolsas de tamanho médio a pequeno, de alças mais curtas.

Evite: saltos altíssimos em evidência e plataformas pesadas, que fazem com que você pareça ainda mais baixa.

Melhor escolha: saltos anabela, que trazem conforto. Mas evite os trabalhados; prefira os mais discretos, ou seja, se quiser ficar mais alta, use salto – seja em uma sandália, um sapato ou uma bota –, mas que não chame tanto a atenção. Dessa forma, não vão notar que você está em cima de um degrau!

Evite: cintos que contrastem com a cor da roupa, provocando um corte no meio do corpo, e cintos muito largos com fivelas pesadas.

Melhor escolha: cintos mais delicados ou, se você preferir os mais largos, que acompanhem a cor da roupa.

Evite: cachecóis ou lenços com as pontas muito compridas.

Melhor escolha: cachecóis ou lenços sem muito volume e mais curtos.

SE VOCÊ É MAGRINHA E DELICADA, OU BAIXA E MAGRA...

Evite: acessórios pesados e em grande quantidade. Também não são indicadas meias pretas; elas diminuem o volume. Sapatos pesados, como plataforma, também não são adequados, pois sobrecarregam o visual. Evite ainda bolsas grandes, muito chamativas para quem não possui um corpo mais estruturado.

Melhor escolha: sapatos mais delicados, com salto anabela. E invista em bolsas menores, de tamanho médio a pequeno.

SE VOCÊ É MUITO ALTA E MAGRA...

Evite: acessórios delicados.
Melhor escolha: acessórios "poderosos".
Evite: cintos finos, com fivelas delicadas.
Melhor escolha: cintos e faixas mais largas. Se você tiver a cintura fina, aposte marcá-la com eles.
Evite: saltos muito altos.

Tipo físico x acessórios

Melhor escolha: saltos médios ou baixos – é extremamente elegante usar sandália flat (rasteira) com calça capri, bermuda, shorts, vestido ou saia, mas ela não é indicada para acompanhar uma roupa habillé.

SE SUAS PERNAS SÃO...

CURTAS E GROSSAS...

Evite: botas de cano alto e sandálias amarradas no tornozelo; pior ainda se forem amarradas ao longo da perna. Evite sandálias muito delicadas ou sapatilhas.

Melhor escolha: sapatos ou sandálias da cor da roupa quando estiver de calça ou, se estiver de saia, da cor da pele. Sapatos de bico fino ajudam a afinar a perna.

... FINAS E COMPRIDAS...

Evite: sapatos de bico muito fino.
Melhor escolha: você está liberada para praticamente tudo e tem o privilégio de poder usar botas de cano alto; fica muito sexy, se esta for sua proposta.

SE VOCÊ POSSUI TORNOZELO

GROSSO...

Evite: sapatos delicados e/ou com amarração nas pernas. Sapatos muito fechados também não são indicados.
Melhor escolha: botas de cano mais alto, sapatos mais pesados, plataformas.

SE VOCÊ POSSUI QUADRIL LARGO...

Evite: cintos que caiam sobre o quadril, formando a linha horizontal e proporcionando mais volume. O contrário funciona para quem tem quadril estreito.
Melhor escolha: chame a atenção para a parte do corpo que você considera mais bonita. Que tal valorizar os dedos com um belo anel e a orelha com um brinco?

SE VOCÊ POSSUI BUSTO...

...VOLUMOSO...

Evite: colares que terminem em cima do busto.
Melhor escolha: colares longos ou mais próximos ao pescoço, sem muito volume.

...SEM VOLUME...

Evite: colares longos e finos.

Melhor escolha: colares mais cheios, na altura do busto, para aumentar o volume, ou que atraiam a atenção para o pescoço.

SE VOCÊ POSSUI OMBROS...

...LARGOS...

Evite: colares na altura do ombro, pois eles criam uma linha horizontal que consequentemente alarga o ombro.

Melhor escolha: colares longos, que criam uma linha vertical.

...ESTREITOS...

Evite: colares longos.

Melhor escolha: colares na altura do ombro, alargando-o.

SE O FORMATO DE SEU ROSTO É...

...REDONDO/VOLUMOSO...

Evite: brincos de formato redondo ou volumosos, pois trazem mais volume a seu rosto.

Melhor escolha: brincos mais longos e estreitos, que afinam o rosto.

...FINO/COMPRIDO...

Evite: brincos longos e finos.

Melhor escolha: aposte no volume, mas sem exagero, pois caso contrário seu rosto desaparecerá, ficando em destaque somente os brincos. Invista também em brinco tipo botão (aquele mais arredondado, rente à orelha).

SE VOCÊ POSSUI O ROSTO ENVELHECIDO...

Evite: sair sem brincos. Use-os sempre, pois iluminam e rejuvenescem o rosto.

Melhor escolha: brincos que têm brilho. Eles funcionam como uma luz, um terceiro olho, que brilha quando o olhar está fosco.

SE VOCÊ TEM LÓBULOS OU ORELHAS GRANDES...

Evite: brincos pequenos.
Melhor escolha: brincos compatíveis com o tamanho da orelha e adequados ao formato do rosto.

SE VOCÊ É DO TIPO "MULHERÃO"...

Evite: acessórios muito delicados, que somem no corpo. Bolsas muito pequenas também não são indicadas.
Melhor escolha: acessórios maiores, que acompanhem seu tipo físico. Caso não queira acessórios grandes demais, opte pelos de tamanho intermediário, com cores mais suaves para não sobrecarregar.

SE VOCÊ É DO TIPO "MIGNON"...

Evite: materiais muito pesados e volumosos ou excesso de acessórios no mesmo look. Você corre o risco de sumir!
Melhor escolha: acessórios pequenos ou de tamanho moderado. Você fica na lista do "em caso de dúvida, tire!".

Roupa de trabalho x acessórios

Uma de minhas especialidades no mundo da moda é dar consultoria a empresas na área de dress-code empresarial, ou seja, indicar o código de se vestir da empresa. É o local onde vejo mais excessos e derrapadas na maneira de usar roupas e acessórios. Alguns estilos pessoais, principalmente o sexy, o romântico e o criativo, não combinam com o ambiente de trabalho. Mas por quê? Porque o sexy vai ter a tendência de mostrar o corpo; o romântico, de usar babadinhos; o criativo, de fazer combinações inusitadas extremamente chamativas. Tudo isso deve ser evitado no trabalho de um modo geral. Mas, se você pensa que está a salvo caso seu estilo pessoal não seja nenhum desses citados, está enganada! Quando parece que tudo está perfeito… vem uma derrapada!

Tenho histórias e histórias para contar desse meu trabalho. A reclamação maior de um diretor de um grande escritório de advocacia era o barulho que algumas advogadas e estagiárias provocavam ao percorrer o corredor de mármore de seu andar: "Não suporto ouvir da minha sala aquele tec-tec; perco toda a concentração no trabalho". Outra empresa, multinacional, pediu que fosse proibido o uso de pulseiras barulhentas: "Estamos no meio de uma reunião, e de repente ouço o barulho do balançar da pulseira da funcionária". Uma empresa do sul do país me pediu que se proibissem acessórios grandes: "Tenho funcionárias que chamam mais a atenção por aquilo que vestem do que pelo que falam". Local de trabalho formal é local de discrição.

REGRAS CAMPEÃS

- Nunca exagere nos acessórios; use os mais discretos possíveis.
- Bolsa rebordada de brilhos não combina com trabalho formal.
- Sandálias que mostram muito o pé são extremamente sexy, por isso opte pelas de tiras mais largas.
- Sandálias com pingentes, brilhos ou pele também são extremamente sexy, portanto, proibidas. Use as mais clean.
- Bolsas muito pequenas, principalmente as de mão, não são indicadas. Parece que você veio de uma festa diretamente para o trabalho e não trocou de bolsa.
- Bolsas muito grandes, tipo saco, dão a impressão de que você está vindo do supermercado. Prefira as de tamanho médio.

- Bolsas de material como palha, plástico e tecido devem ser evitadas. Prefira as de couro.

- Use calçados com salto confortável, mas não uma sandália rasteirinha. Tênis, nem pensar.

- Sapatos muito coloridos ou com muitos detalhes, bordados e texturas chamativas devem ser eliminados do guarda-roupa de trabalho.

- Sandálias de amarrar no tornozelo, nunca! Pior ainda se forem amarradas na perna.

- Cintos com brilho, fivelas chamativas, pingentes e fivela country devem ser evitados.

- Brincos longos, tipo candelabro, não fazem parte do dress-code empresarial.

- Acessórios de tipo Hello Kitty vão dar a impressão de que você os pegou emprestado de sua filha ou da irmã mais nova.

- Colares enormes, tanto no material quanto no tamanho, vão esconder você.

- Sapatos, bolsas e pastas de trabalho devem ser impecáveis, não demonstrando nenhum desgaste de uso.

Com tantas proibições, sobrou algo para usar???

Com certeza!!!

Alguns looks para você não se decepcionar:

Look trabalho.

Look coquetel trabalho.

Acessórios: por que, quando e como usá-los

Look happy hour.

68

Parte 2

Sapatos

Para muitas pessoas, o sapato se encaixa em um dos prazeres mais sedutores da vida – seja para usar, seja para colecionar, para admirar...

Esse acessório da moda, que tem mais de 10 mil anos, diz bastante a nosso respeito. Talvez seja, em todas as culturas, o que transmite de maneira mais poderosa a mensagem visual, passando, além de estilo, uma forte impressão da posição social e econômica de quem o usa.

Os sapatos são capazes de causar um efeito surpreendente em um look. Você pode estar usando uma roupa totalmente neutra, mas, se combiná-la com sapatos audaciosos, eles automaticamente vão temperar essa roupa. Quando colocamos um tipo diferente de calçado, de certa forma, conscientemente ou não, adotamos suas características. O material também diz muito na hora da escolha. Sapatos feitos de materiais como pele de avestruz, crocodilo e cobra são bastante sensuais; já os de couro duro possuem uma conotação mais masculinizada. É importante que você tenha consciência da mensagem que está passando através de seus sapatos e saiba adaptá-la à ocasião apropriada. Agora é só escolher o seu!

TIPOS DE SAPATOS

SCARPIN

Curinga do guarda-roupa feminino, dentro de suas inúmeras releituras – sejam o bico, a textura, a cor ou o salto – continua elegantíssimo. Explodiu entre os anos 1930 e 1940, quando as divas do cinema o elegeram "único". Os de salto médio, de preferência pretos, clássicos, são perfeitos para o trabalho formal. Ficam ótimos com looks de alfaiataria. Mas cuidado: o calçado preto é pesado para ser usado com roupas claras.

CHANEL

Scarpin bicolor ou liso, criado pela estilista francesa Coco Chanel em 1958 para que os pés parecessem menores. Combinação perfeita para a mulher elegante. O bicolor é um clássico em matéria de calçados, principalmente o preto e branco e o bege e azul-marinho. Nada deixa um tailleur mais elegante do que um chanel. Sua elegância atemporal o transforma em um curinga para vestidos, saias e calças curtas. No caso de combinações mais modernas, com contrastes de cores mais fortes, o que chama a atenção é o sapato, portanto, a roupa deve ser mais neutra.

MULE

Tem como origem um chinelo marroquino muito popular na Turquia. Combina com vestido, saia pelos joelhos e shorts, dentro de um estilo informal. Se for usá-lo com calça, opte pelas mais curtas, como corsário, para que a bainha não fique entrando no sapato na hora de caminhar. As versões rasteirinhas são bem mais elegantes do que as de salto.

MOCASSIM

Confeccionado inicialmente pelos índios americanos, é um sapato considerado mais moderno, não importando a altura ou o formato do salto. O de salto baixo vai bem com bermudas e calças tipo capri. Se o salto for alto, opte por terninhos, tailleurs e calças compridas.

SAPATILHA

Originalmente usada por criados, no século XVIII, ganhou a versão boneca nos anos 1920, inspirada nos sapatos de *ballet*. As sapatilhas podem ser combinadas com bermudas, shorts, calças capri, minissaias e saias longas, evasês e godês.

BONECA

Combina com quem tem estilo romântico e é ideal para produções femininas, como saias esvoaçantes e blusas com babados. Os modelos com tira sobre o peito do pé ficam bem com calça tipo corsário; já os com tira no tornozelo e de salto alto tornam-se elegantes quando acompanham uma calça tipo pantalona. Para quem tem o estilo criativo, os pretos de salto baixo são os preferidos. Use-os como quiser; faz parte do estilo!

SANDÁLIAS

Historiadores dizem que, por volta de 3000 a.C., no Mediterrâneo, surgiu a primeira sandália, o calçado mais antigo na história do vestuário. No tempo do Império Romano, as imperatrizes exibiam modelos de tiras com pedras incrustadas, semelhantes à nossa moda atual. Uma dúvida frequente: podem-se usar meias com esse tipo de calçado? Usar apenas a sandália é a melhor opção, mas, caso queira colocar a meia, prefira uma cor da pele, sem dedos.

Quanto mais aberta for a sandália, mais sexy ela será. Quanto mais altos e finos os saltos, maior a impressão de sensualidade. Verifique se você tem pés e dedos bonitos para usar um modelo assim, caso contrário, opte por um com tiras mais largas. As rasteirinhas, ou flat, são ótimas para ocasiões informais, além de muito confortáveis.

Se você for usar sandálias douradas durante o dia, combine-as com roupas de tom claro; para a noite, abuse do preto. As bordadas compõem um visual despojado e ficam lindas acompanhando um jeans. As abotoadas ou amarradas em volta do tornozelo encurtam a perna.

HAVAIANAS

Antes usadas estritamente como chinelo, dentro de casa ou na praia e piscina, viraram febre mundial. Duvido encontrar alguém que nunca tenha colocado os pés em uma. Hoje se vai a um cinema, ao *shopping*, almoçar tranquilamente de havaianas, desde que seu look seja moderno. Atrizes e atores famosos desfilam para cima e para baixo com elas nos pés. Mas tudo tem limite; por favor, evite-as em ocasiões formais. Por exemplo: em um evento social, elas não vão ficar bem mesmo que tenham strass nas tiras. Não se esqueça de que são feitas de borracha, bem diferente de um sapato mais social, que tem sola fina de couro.

Hoje encontramos nomes de grifes poderosas estampados no chinelo e todos os tipos de desenhos, cores e design.

PEEP TOE

Por ser decotado e não ter bico, alonga a silhueta. Fica bem com quase todos os tipos de roupa.

TÊNIS

Foi-se o tempo em que eles ficavam restritos a quadras e academias. Hoje, são cobiçados acessórios para quase todos os momentos. Cheios de charme, os novos modelos misturam materiais resistentes, típicos do mundo dos esportes, e tendências das passarelas, como brilhos, estampas, aviamentos e jogos de cores. Quantas vezes você já abriu uma revista e viu alguma pessoa de destaque na mídia usando um terno com tênis? Vale quanto ao estilo pessoal.

BOTAS

Pinturas em paredes de cavernas na Espanha mostram figuras humanas usando botas – 15 mil anos atrás!

As botas eram usadas pelas pessoas que andavam a cavalo. Ficaram mais populares a partir do século XVII.

Combine-as com calças, vestidos, saias curtas ou longas.

Cano curto: seja de salto alto, seja de salto baixo, fica melhor acompanhando calça comprida.

Cano médio: fica ótimo para quem tem pernas longas quando usado com saia na altura do joelho. As mais baixas devem optar por bota nos tons da pele.

Cano alto: cria um look moderno e, ao mesmo tempo, sexy, mas cuidado para que não aperte a panturrilha. Botas de cano alto funcionam melhor para quem tem perna longa. As baixinhas devem usar modelos da cor da roupa, pretos e em tons terrosos. Se usadas com saia, não deixe que a perna apareça.

Coturno: modelo mais usado pelos jovens, é uma bota de cano médio, fechada por ilhoses, com solado grosso, geralmente de cor preta. Pode ser usada para fora da calça, com saias de todos os comprimentos e bermudas, fazendo um estilo mais pesado.

DICAS...

- Quanto maior a sofisticação da roupa, mais finos deverão ser o bico e o salto; quanto mais esportivo for o vestuário, mais o salto deverá engrossar e o bico, arredondar.
- A bota não faz parte de trajes para ocasiões mais sociais, como casamento e festa black-tie.
- O comprimento da calça deve esconder o cano da bota.
- Se usar bota para dentro da calça, prefira um modelo de cano mais justo ou stretch, pois não deixa a calça marcada.
- Pernas curtas e grossas permitem somente bota por dentro da calça ou usada com saia longa.
- Quando combinada com vestidos ou saias, a bota deve ir até a bainha para alongar a silhueta.
- Quem tem a batata da perna saliente deve optar por modelos de cano reto e alto.
- Botas para fora da calça: se você é magra e alta, fica fácil; agora, se tem alguns quilinhos a mais, esqueça! Quem está no peso e é baixa deve usar somente em caso de looks monocromáticos, como calça preta + bota preta, calça marrom + bota marrom – só não coloque uma cor-de-rosa!
- Botas de cor clara: look anos 1960; tome muito cuidado! Não são indicadas para quem tem pernas mais grossas, pois aumentam ainda mais o volume destas e também o tamanho do pé. Use-as com uma cor de roupa que não contraste. Opte por cores como creme ou marfim – o branco é muito chamativo.

SALTOS: QUEM NUNCA DESPENCOU DELES?!

Não importa se fazem barulho, se incomodam... Continuam sendo amados pela maioria das mulheres como símbolo do poder feminino.

Os saltos dizem muito sobre você. Confira:

SALTO ALTO E FINO – STILETTO

Delírio principalmente da mulher que tem o estilo sexy, surgiu na Itália na década de 1950. Para você ficar elegante usando um, saiba andar naturalmente com ele; caso contrário, vira tragédia! Sofistica o visual, quando combinado com um belo jeans, e alonga as pernas com um vestido noite. Com saia justa, fica extremamente sexy.

SALTO ANABELA

Ideal para quem vai passar muitas horas com um no pé, pois é confortável, com a vantagem de deixar a mulher "nas alturas". Os saltos mais rústicos, de palha e cortiça, devem ser usados com roupas informais. Os de salto de couro podem acompanhar produções mais sofisticadas. As saias godês e rodadas com cintura marcada são pares perfeitos para esse tipo de salto.

SALTO PLATAFORMA

Garante melhor sustentação... Carmen Miranda que o diga! Fica pesado em looks formais; dê preferência a calças jeans de boca mais larga, saias godês, vestidos volumosos.

SALTO RASTEIRO

Para quem tem o estilo esportivo e prioriza o conforto, esta é a solução. E não é a falta do salto que vai lhe tirar a elegância. Uma sandália flat, no chão, fica extremamente elegante com bermudas, calças de boca afunilada, saias e vestidos de todos os comprimentos.

SALTO LUÍS XV

A forma lembra um carretel, geralmente com 4 cm de altura. Ideal para ser usado com saias, vestidos e calças. A foto apresenta uma releitura moderna desse salto.

SALTO QUADRADO

Para quem deseja andar em cima do salto, mas com maior estabilidade. No entanto, não combina com looks muito sofisticados. Vai bem tanto com calça comprida quanto com saias mais compridas. Se você quiser um look mais "pesado", poderá usá-lo com saias mais curtas, bermudas e shorts – vai depender de seu estilo pessoal. É ideal para o trabalho, por ser o mais confortável.

PRÓS E CONTRAS DOS SALTOS

- Sapato sem salto (rasteirinha): prejudicial ao calcanhar, porque o peso fica sobre ele.
- De 2 cm a 4 cm: ideais, pois o peso do corpo é distribuído de maneira igual, resultando em melhor equilíbrio. Saltos de 4 cm são ótimos para pés cavados.
- Salto de 6 cm: podem provocar inflamação no calcanhar e joanete.
- Saltos superiores a 6 cm: podem causar danos na coluna, atrofiamento da musculatura da batata da perna, dores no joelho...

Meu conselho:

Intercale o uso do salto alto com um mais baixo.

Mas... nem tudo está perdido! Para quem não dispensa um bumbum empinado e o peito para frente, a boa notícia: o salto alto promove melhor circulação do sangue nas pernas.

BICO DO SAPATO

BICOS REDONDOS OU QUADRADOS

Ideais para quem quer conforto e tem pés mais largos. Modelos com esse tipo de bico encurtam os pés. Os quadrados são mais esportivos, e os arredondados, mais femininos.

BICOS FINOS

Considerados os mais elegantes, são, ao mesmo tempo, os mais desconfortáveis. Assim, quando for comprar um sapato de bico fino, experimente um de número maior; se ele não sair do pé, leve-o. Seus dedos vão se sentir melhor.

SAPATOS FORRADOS

Hoje a indústria de calçados oferece muitas opções de texturas e materiais nos modelos que confecciona, e já não é necessário mandar forrar um. Mas, se você tem um sapato tipo scarpin de ótima qualidade que sofreu algum dano, vale a pena forrá-lo com algum tecido nobre, como cetim, renda ou veludo, que agregam sofisticação e luxo e são indicados para ocasiões mais elegantes e sofisticadas. Escolha um tecido que não seja o de sua roupa e combine-o com uma bolsa de outro material, que pode ser toda bordada, de tartaruga, de metal dourado ou prateado.

Se você quiser mandar forrar seu scarpin usado, siga as instruções:

- compre aproximadamente 30 cm de tecido de sua preferência, seja estampado ou liso;
- depois de forrado o calçado, o tecido não deverá apresentar rugas nem marcas;
- opção: bordá-lo com paetês e contas ou aplicar cristais.

ACREDITE... SE PUDER!

- Até o ano de 1822, os calçados significavam verdadeiras torturas, pois eram confeccionados sem levar em conta as curvas anatômicas dos pés. Foram sapateiros norte-americanos que adaptaram o sapato aos moldes encontrados hoje, propiciando conforto e bem-estar.

- A imperatriz Josefina, esposa de Napoleão, trocava de sapato quatro ou cinco vezes por dia.

- No começo do século XX, as atrizes usavam modelos de cores escandalosas, com saltos muito altos, e eram malvistas pela sociedade. Costumavam usar sapatos de cetim após os espetáculos, para o caso de algum fã querer beber champanhe dentro deles...

- Imelda Marcos, ex-primeira-dama das Filipinas, possuía mais de três mil pares de sapatos!!!!

- Criados no século XV, chapins eram os sapatos com plataforma que chegavam a ter salto de até 65 cm! Na época, amas tinham de acompanhar as madames, dando-lhes a mão para elas não caírem. Para subirem no salto, precisavam de um banco.

- A combinação sapato muito alto + saia justa aumenta a saliência das nádegas femininas em 25%.

Meu conselho:

Ao comprar um sapato, vá à loja à noite, quando os pés estão mais inchados; verifique a acomodação deles, a fim de evitar a formação de calosidades. É necessário calçar sapatos com uma folga suficiente para que os dedos não fiquem apertados (havendo uma folga maior do que a necessária, os pés poderão acabar com bolhas e calos; em compensação, calçados também não podem comprimir os pés). Os sapatos de couro tendem a lassear, mas não espere que isso aconteça à custa de bolhas! Coloque-os dentro de um saco plástico, feche bem e deixe em um freezer por pelo menos doze horas. Quando retirar o saco do freezer, calce os sapatos imediatamente e use-os por uma hora, andando o máximo possível. Ele se moldará em seu pé.

DICAS...

- Salto fino não combina com grama ou areia; você vai acabar enterrada no jardim ou na praia.
- Calçados bordados ou com textura mais exuberante devem ser acompanhados de roupa básica.
- Sapato fechado oferece uma base melhor para os pés.
- Sandálias de tirinhas finas podem trazer desconforto aos pés.
- Qualquer modelo de sapato ou sandália que mostre o calcanhar exige que ele esteja impecável.
- Se você vai passar o dia em cima de um salto muito alto ou percorrer grandes distâncias com ele, prepare-se para ficar mancando depois de algumas horas e perder toda a elegância; o ideal seria optar por algo confortável, com salto menor, ou carregar na bolsa um modelo mais confortável.
- Quem tem o costume de balançar os pés quando sentada – que por sinal é muito deselegante – não deve usar sandálias, tamancos ou mules, que ficam soltos no calcanhar. Corre-se o risco de o calçado escapar dos pés e ir parar... só Deus sabe onde!
- Se seu sapato ou bolsa estiver desgastado, certamente vai comprometer seu visual. Se não der para repará-los... diga adeus!

Bolsa

Esse acessório vem sendo usado desde a Idade Média tanto por homens quanto por mulheres. No século XVI, a enorme procura por bolsas fez surgirem por toda a Europa sociedades especializadas na confecção desse item. A bolsa passou a ser indispensável no final do século XVIII, quando se tornou necessário aliviar a quantidade de objetos carregados pelas mulheres em seus bolsos. De forma geral, as bolsas eram carregadas na mão e produzidas com o mesmo material das roupas. A industrialização que invadiu o mundo da moda no final do século XIX fez com que se diversificassem as formas, os tamanhos e os materiais utilizados.

Com poder de protagonista, a bolsa pode mudar de estilo, cor e formato, mas continua sendo a companheira inseparável da mulher, indispensável para compor um look e útil no dia a dia. Uma perfeita representante do universo de "sua dona", confere atitude ao visual que ela deseja.

DICAS...

- Em todo guarda-roupa é necessário haver uma bolsa de formato e cor mais clássicos, perfeita para manter a harmonia em qualquer produção e que permita que você a combine com as roupas que quiser. Invista na qualidade; certamente você vai usá-la durante anos.
- Aposte em bolsas maiores para o dia, bolsas pequenas para a noite e bolsinha de mão ou carteira, de tecido nobre, com ou sem pedraria, para as festas.
- Quem carrega muita coisa na bolsa deve, ao comprar uma, ver se o modelo pretendido possui os necessários compartimentos internos. As que têm bolsos externos garantem espaço extra. Prefira as de alças longas para serem usadas a tiracolo, as atravessadas ou as de alça curta. O material da alça deve ser confortável, para que não machuque o ombro.
- Se você se apaixonou por uma bolsa de cor forte, cheia de detalhes ou com alça trabalhada, tenha em mente que ela será o diferencial de sua roupa. Por isso, quando for usá-la, o restante da composição do look deverá ser sutil.
- Roupas brilhantes ou bordadas combinam com bolsas lisas, de texturas simples e cores opacas.
- Cuidado com o que você coloca dentro de bolsas transparentes; por onde você passa, todo mundo vê o que há dentro dela.
- As bolsas mais claras ficam melhor com roupa de verão, assim como as mais escuras acompanham melhor roupa de inverno.
- Bolsas de pele de animais ou com estampas nesse padrão são perfeitas para mulheres que querem sugerir sensualidade. As de "croco" ficam ótimas com

roupas cáqui e de cor marrom. As de cobra conferem elegância a qualquer look básico. As de estampa de zebra deixam sua composição mais moderna.

- Bolsas grandes são uma tentação para quem gosta de carregar a vida dentro de modelos assim, mas esse hábito, além de sobrecarregar as costas, deixa o acessório deselegante quando usado com roupas mais sofisticadas ou sérias. Uma bolsa lotada pode ainda amassar o vestuário no local do ombro, onde a alça se apoia.

FORMATO E TIPO FÍSICO

O tamanho da bolsa tem de ser proporcional ao seu. Uma mulher pequena sumirá usando um modelo grande, enquanto uma mulher alta ficará maior ainda com um modelo pequeno.

DICAS...

- Geralmente o formato da bolsa tem de ser oposto ao de seu corpo. Silhuetas longilíneas ficam bem com modelos arredondados. Já quem está acima do peso deve optar por formatos retos ou quadrados.
- Se você é baixa, dê preferência a alças mais curtas.
- Quadris largos pedem bolsas tipo baguete, que ficam embaixo do braço.
- Se você tem seios grandes, use bolsas na altura dos quadris.

Encontre o modelo que combina com seu estilo pessoal, seu tipo físico e suas necessidades.

PARA COMPOR LOOKS ELEGANTES

BOLSA KELLY/HERMÈS

Criada em 1935 pela Maison Hermès, recebeu em 1955 o nome Kelly em homenagem à princesa Grace de Mônaco. Milhares de lojas espalhadas pelo mundo oferecem esse clássico da moda com modelagem semelhante, nos mais diversos materiais. Para quem sabe carregar com elegância.

BOLSA EM MATELASSÊ

Exemplo de elegância, o modelo de couro em matelassê, com alças de corrente, foi criado pela estilista francesa Coco Chanel em 1955. Se usar colar, evite um que seja chamativo, pois a alça já é de corrente.

BOLSA BAGUETE

Mania mundial, vai bem acompanhando desde um belo jeans + camisa branca até um vestido-coquetel. A criação original é da grife Fendi, que confecciona cada unidade inteiramente à mão.

BOLSA DE TRABALHO

A bolsa de trabalho deve ter cor neutra e ser de tamanho médio, além de muito elegante. Esta em "croco" tem a vantagem da praticidade – possui bastante espaço e bolsos – e combina com praticamente tudo, dentro de uma sofisticação sem limites.

PARA COMPOR LOOKS NOITE/FESTA

CARTEIRA

De tecido luxuoso, os modelos lisos acompanham produções exuberantes; quando bordados ou com texturas trabalhadas, a bolsa tipo carteira é que é o *show*. Você tem que carregá-la na mão, o que ocasiona certa falta de privacidade. Não coloque muita coisa dentro, caso contrário ela perderá a forma e a elegância.

BOLSA DE MÃO

Possui alças, mas na maioria das vezes usa-se carregada na mão. É maior que a carteira.

Bolsa

BOLSA A TIRACOLO

Com alças finas e de tamanho pequeno, fica bem *chic*, por exemplo, para um coquetel.

BOLSA CLUTCH

Combina com vários tipos de roupa de festa e deve ser carregada na mão.

PARA COMPOR LOOKS DO DIA A DIA

BOLSA SHOPPER BAG

Ótima para quem gosta de guardar a vida dentro dela. O tamanho deve ser compatível com sua altura.

BOLSA DE PRAIA

Um acessório para dar mais charme ao seu look, seja na praia ou na piscina.

**BOLSA CRUZADA,
A TIRACOLO OU TRANSVERSAL**

Praticidade e funcionalidade por ser cruzada pelo corpo.

Acessórios: por que, quando e como usá-los

BAG FUN

Irreverentes e superdivertidas, são bolsas exclusivas, originais, e que podem ser de marcas de luxo ou customizadas em casa. Para alegrar seu visual!

Bolsa

MINI BAGS OU MINIBOLSAS

Bolsas em tamanho miniatura feitas para carregar somente o essencial. Superfemininas, podem nos acompanhar desde o almoço até as baladas.

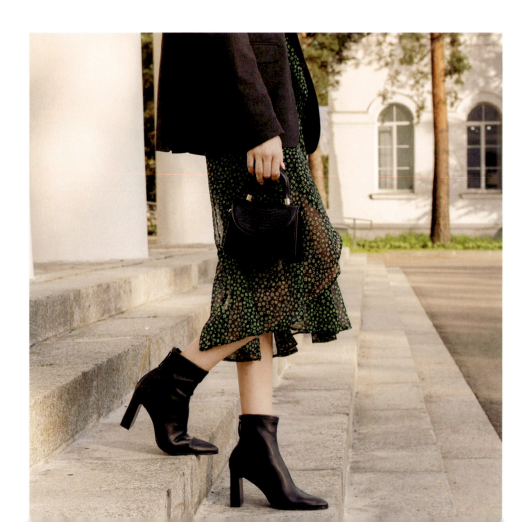

Acessórios: por que, quando e como usá-los

CARTEIRAS

Nosso estilo é revelado em detalhes, por isso a carteira que você tira de dentro da bolsa deve ser escolhida por sua qualidade, praticidade e beleza. Leve em conta suas necessidades – compartimentos para talão de cheques, cartões de crédito, documentos, cartões de visita, bolsinha para moedas –, enfim, encontre um modelo que lhe garanta o máximo de organização. Se você quiser aumentar a vida útil de sua carteira, opte por porta-níqueis avulsos, pois as moedas deformam a carteira. Por favor, não coloque em sua carteira um volume maior do que aquele que ela suporta. O visual fica horrível.

MOCHILA

São bolsas mais informais. Usadas nas costas, dão maior liberdade aos movimentos das mãos; propícias para viagens e looks mais "descolados".

MATERIAL

Escolha o material que mais tem que ver com seu estilo:

couro: quanto mais se usa o couro, mais bonito ele fica;
camurça: perde logo o formato original, porém é macia;
nylon: fácil de limpar e bastante resistente, apesar de indicado para looks bem informais;
cobra: superelegante, mas... para quem quer gastar muito.

CUIDADOS COM SUA PEÇA

- Não existe solução para manchas na camurça; apenas a escove no sentido do pelo ou passe levemente uma lixa de unha sobre ela.
- Se o couro for texturizado, arranhões e outros estragos serão bem menos perceptíveis.
- Para limpar *nylon*, use pano úmido; para tecidos em geral, um pouco de *scotchgard*.
- Para limpar couro, passe um pano úmido. Caso o estrago seja grande, utilize graxa incolor.
- Nunca use produtos químicos para limpar pele de animal. Por serem muito sensíveis, elas ficam manchadas. Prefira um produto à base de cera de abelha, sem gordura.

Cinto e meias

CINTO

Em cada tendência difundida pelos estilistas, eles chegam de uma maneira – na largura, no material, nas cores, nos banhos variados. O certo é coordená-los com a roupa e seu estilo pessoal. Veja qual é seu estilo e você encontrará seu cinto:

estilo esportivo: cinto de couro cru, com fivela em banho prata sem detalhes, para ser usado no passante da calça;
estilo sexy: cinto mais largo com fivela em strass;
estilo romântico: cinto mais estreito em tons pastel;
estilo tradicional ou clássico: cinto de fivela de tamanho e cor discretos;
estilo elegante: cinto de grife, sofisticado, de alta qualidade;
estilo dramático ou moderno: cinto mais pesado e largo, de material nobre e com banho prata na fivela;
estilo criativo: cintos coloridos, com fivelas em formatos tipo Betty Boop, Hello Kitty, ou pretas, em tachas.

DICAS...

- Para quem tem corpo curto: use-os na altura do quadril.
- Para quem não tem cintura definida: use os mais finos e caídos no quadril.
- Para quem tem corpo comprido: use os mais largos e na altura da cintura.
- Se você ganhou ou perdeu alguns quilos e a antiga marca junto ao furo de seu cinto está aparecendo, esqueça-se dele!

FAIXAS

Releitura dos anos 1950, elas complementam os looks, substituindo os cintos.

DICAS...

- Termine as amarrações em nós ou laços ou arrisque um broche ou alfinete.
- Para looks mais sofisticados, opte por tecidos como xantungue ou cetim.
- Obi é uma faixa estilo japonesa, mais larga e forrada com cor contrastante. Dá um toque a mais à produção.
- Se você não tem a cintura marcada, evite apertar muito a faixa e a combine com saia godê para dar mais proporção ao look.
- As mais magras podem usar a cintura marcada com bermudas e calças secas.

MEIAS

No início do século XX, no período entre as duas guerras mundiais, as saias e vestidos se tornaram mais curtos, e com isso as meias passaram a ser usadas com o objetivo de valorizar as pernas.

UM POUCO DE HISTÓRIA...

- Em 1928 as meias eram presas por cintas.
- Na década de 1930 surgiram as meias de *nylon* com costura atrás, usadas com sapato de salto alto.
- Anos 1950: época da sensualidade das meias finas com a parte de cima de renda chantilly.
- Em 1959 surgiram as meias-calças, pois as saias começaram a encurtar e os modelos 7/8 foram substituídos por elas.

TIPOS DE MEIAS

Comprimentos, cores e tramas de todos os tipos conferem à meia a possibilidade de transformar o look, tornando-o mais discreto ou mais chamativo.

MEIAS FINAS E TRANSPARENTES

São as mais elegantes, ótimas para complementar trajes habillés. Curinga para quem se veste formalmente no trabalho, usando sapato social. Se optar por uma meia fina 3/4 com calça comprida, observe se o elástico não aparecerá sob a calça quando você se sentar. As cor da pele devem ser um pouco mais escuras que o tom de sua pele.

MEIAS OPACAS FIO 40

As coloridas alegram roupas de cores neutras e renovam o visual de uma roupa antiga. Aproveite vestidos leves de verão, saias e bermudas usando-os com meia-calça na estação mais fria. Eles se dão muito bem quando as meias são usadas com sandálias de salto plataforma ou outro tipo de sapato mais pesado, pois são ideais para complementar looks despojados. Se quiser alongar a silhueta, combine a cor da meia com o sapato e o restante da roupa. Meias brancas opacas são indicadas para looks com cara dos anos 1960, mas cuidado: elas engordam as pernas.

MEIAS ESTAMPADAS (SILKADAS OU BORDADAS)

São tipicamente invernais e combinam com looks esportivos. Não funcionam em ocasiões formais. Requerem bom-senso na hora de usá-las; para combiná-las, use-as com roupas lisas que tenham o tom da estampa. Lembre que estampas grandes engordam as pernas. Se você tem pernas finas, ótimo;

caso contrário, opte por estampas miúdas e de cor escura. Ideais para serem usadas com botas, sapatos fechados de salto e mocassins.

MEIA ARRASTÃO

Deve ser usada com muito cuidado, pois pode vulgarizar a roupa, e vai parecer que você acabou de sair de um cabaré. Prefira a de losangos miúdos. Você pode usar a colorida em tons pastel com vestidos de estampas miúdas. Com sandálias, a de cor escura dá um tom mais invernal. O melhor é combiná-la com sapatos de salto alto ou botas. Com sapatilha, você passará a impressão de ter saído diretamente de uma aula de *ballet*.

MEIA SOQUETE

Ideal para acompanhar roupas destinadas à prática de esportes, principalmente a que absorve a transpiração, ou looks esportivos, como calça jeans e bermuda. Pode ser usada com tênis, botas e mocassins. Na época da novela *Dancing Days*, entre os anos 1970 e 1980, usava-se meia soquete em lurex com sandália de salto alto, mas cuidado — essa é uma tendência que vai e volta e que depende muito de seu estilo pessoal, além de combinar melhor com espírito e corpo jovens.

MEIAS COM COSTURA ATRÁS

São muito sedutoras e alongam as pernas. Usadas com scarpin de salto alto e saia mais justa (não colada), compõem o estilo fatal elegante.

DICAS...

- Hoje, as mulheres mais jovens – principalmente – aboliram o uso de meias--calças, em especial as de cor da pele. Não é mais essencial que se usem meias de nylon com sapato social, mas não podemos esquecer que elas, além de complementarem o look com sofisticação, ajudam a disfarçar manchas de pele, gordura, celulite e também pernas muito brancas. As de microfibra se modelam perfeitamente ao corpo.
- Evite usar calçado de cor mais clara que a da meia.
- Com roupas claras, opte por meia marfim, quase transparente.
- As meias opacas são ideais para o inverno, enquanto as finas se adaptam aos dias mais quentes.
- Meias finas e transparentes não combinam com bota.
- A sandália pode ser usada com meia ou sem. Opte pela que não tem dedos e reforço no calcanhar e, se preferir mais discrição, escolha as superfinas e em tom natural. A moda hoje pede meias coloridas com sandália para compor look. Se esse for seu estilo, invista nelas.

- Meias desfiadas, por menor que seja o furo, nunca!
- A cor da meia, quando usada com calça comprida, deve acompanhar a cor do sapato e/ou da calça. O ideal é que você não use meia mais escura do que seu sapato.

Óculos

Há poucas décadas, os óculos eram considerados um acessório que passava certa aparência de sabedoria e intelectualidade às pessoas. Hoje, como peça eficaz da moda, personaliza e confere estilo para quem os usa, entrando na lista dos objetos de desejo. A palavra "óculos" vem do termo *ocularium*, da Antiguidade Clássica, que designava os orifícios feitos nas armaduras das cabeças dos soldados que lhes permitiam enxergar. No século XVII, surgiram os primeiros modelos com hastes fixas sobre as orelhas, substituídos na década de 1920 pelo estilo com aros superiores ou inferiores finos e leves. A partir daí, as mudanças seguiram as tendências da moda.

O primeiro par de óculos escuros foi inventado em 1885, com a finalidade de proteger a visão das pessoas que ficavam expostas ao reflexo da neve em baixíssimas temperaturas – os membros das expedições polares, que, muitas vezes, chegavam a ficar cegos. Os óculos escuros se tornaram populares na década de 1930 e no decorrer dos anos passaram a ser usados por estrelas de Hollywood como Ava Gardner, Audrey Hepburn, Grace Kelly... Jacqueline Onassis criou um estilo próprio, e sua marca registrada eram seus óculos escuros – dizem que muitas vezes ela não era reconhecida quando estava sem eles.

Os óculos não devem aparecer mais do que o rosto; devem estar em harmonia com ele. Há quem odeie usá-los, mas, quando adequados ao estilo e ao tipo físico, eles passam a ter importante papel no charme de uma pessoa. Lembre-se de que tudo pode ficar elegante se escolhido com estilo.

Os óculos precisam fazer parte de sua expressão – e não a passar para trás. O formato do rosto é determinante na escolha do modelo.

ARMAÇÃO × FORMATO DE ROSTO

Rosto oval: formato equilibrado, considerado versátil; combina com vários tipos de armações, em especial as de formato redondo ou ovalado.

Rosto redondo: tem como características marcantes o queixo e a testa redondos. Geralmente a largura do rosto é igual ao comprimento. Combina com óculos de formato quadrado ou retangular, que ajudam a suavizar esse tipo de rosto. Invista também em hastes grossas. A armação de tom claro é a ideal, pois aumenta a área ocupada por ela, disfarçando os volumes acima e abaixo da linha dos óculos.

Rosto triangular: esse tipo de rosto combina com armações estreitas, que conferem equilíbrio e fazem o maxilar parecer mais largo. A armação deve ser mais larga ou igual à parte mais larga do maxilar. O ideal é que a parte inferior da armação não seja muito para baixo, para não acentuar o maxilar. É preferível, ainda, que as hastes estejam acima da linha dos olhos e em evidência.

Rosto quadrado: as características desse formato de rosto são testa e queixo largos e maxilares salientes. Combina com armações com lentes retas na parte de baixo, ligeiramente ovaladas, que suavizam o contorno rígido do rosto.

CARACTERÍSTICAS DA FACE

O tamanho do nariz e o formato da sobrancelha devem ser levados em consideração na hora da escolha dos óculos.

SOBRANCELHA

Caso sejam óculos de grau, as sobrancelhas nunca devem ficar muito distantes dos óculos ou abaixo da linha das lentes, pois, dependendo do grau, ele pode fazê-las crescer ou diminuir. Se as sobrancelhas forem espessas, os óculos têm de delineá-las por dentro, suavizando-as. Finas e retas devem ser acompanhadas com os óculos, que podem ter armações levemente mais escuras para realçá-las.

NARIZ

Se você tem nariz...

... largo: use ponte alta e estreita;
... grande: invista em ponte clara ou um pouco mais baixa do que a linha superior da armação;
... pequeno: aposte em ponte mais alta e arredondada.

A COR IDEAL DAS LENTES

Cinza: para todas as ocasiões.
Marrons: ideais para dirigir.
Azuis ou verdes: ótimas para usuários de computador.
Amarelas, em tons pastéis ou claras: indicadas para ambientes fechados e dias nublados.
Espelhadas: ideais em caso de reflexo de claridade muito forte, como a da neve.

Meu conselho:
Você deve se sentir confortável com a armação no rosto e ela não deve mexer quando você sorri.

TIPOS DE ÓCULOS

A cor e a armação dos óculos que você usa dizem muito a respeito de seu estilo pessoal. Confira:

ESTILO ESPORTIVO

Armação curvada; hastes retas para os óculos de grau. Opções: linha fio de *nylon* (que fica bem invisível); tartaruga; preto. Os mais ousados podem apostar em um modelo colorido.

ESTILO SEXY

Destaque para os óculos tipo máscara e para as hastes com detalhes em strass. A sedução acontece também com os óculos.

ESTILO ROMÂNTICO

Linhas leves e suaves, que não agridem o rosto. Os modelos em tons pastéis são os preferidos das mulheres, tanto nas hastes como nas lentes dos óculos de sol, seja rosa, seja lilás, seja verde...

ESTILO TRADICIONAL OU CLÁSSICO

Hastes de metal prata ou dourado. Os de sol seguem uma linha tradicional, como o Ray-Ban.

ESTILO ELEGANTE

Cores sóbrias, como marrom, preto, prateado, ouro velho. Sempre de grifes famosas.

ESTILO DRAMÁTICO OU MODERNO

Óculos de armação mais reta e geométrica, sempre com um detalhe moderno. Opções: aço escovado prata; contraste de duas cores. Para os de sol, a exigência é que sejam bem grandes e de preferência com lentes muito escuras.

ESTILO CRIATIVO

Óculos com cara de vovó. Muito acetato colorido – com hastes listradas, com bolinhas, com padrões divertidos. Invista em textura e alto relevo em suas extravagâncias.

ACREDITE... SE PUDER!

Você já ouviu falar em óculos *piercing*??? Pois é. Trata-se de uma invenção de dois norte-americanos que consiste em um par de óculos preso ao corpo por meio de uma perfuração entre as sobrancelhas. O modelo dispensa as hastes, pois as lentes são aparafusadas à ponte colocada como um *body piercing*. Isso me dá calafrios!!!!

Lenço, broche, máscara e acessórios para cabelo

LENÇO

Lenços enrolados em torno da cabeça, em forma de turbantes, fizeram grande sucesso entre as mulheres a partir da Segunda Guerra Mundial, para esconder a falta do cabeleireiro. Nos anos 1960 se tornaram definitivamente substitutos dos chapéus. Útil e estilosa em seus diferentes tamanhos, cores e texturas, essa peça tem o superpoder de expandir seu guarda-roupa. Indo do luxo da seda, como o elegantérrimo lenço Hermès, à casualidade do algodão, passando pelo famoso Burberry xadrez – formado pelas cores vermelho, camelo, preto e branco –, é um acessório extremamente versátil.

DICAS...

- Xale de textura mais grossa, como pashimina, protege com elegância nas noites mais frias. Bem colocado, cobrindo os ombros, com um lado das pontas jogado para trás e preso na altura do ombro com um belo broche, é item indispensável no guarda-roupa da mulher elegante. (O fio da pashmina se origina do pelo da barriga da cabra selvagem do Himalaia. Para se produzir um xale, é necessária a poda do pelo de sete animais.)

- Se você tem blusas ou blazers cujas cores não a favorecem, use lenços de cores que façam seu rosto corar.

- Lenço amarrado ao pescoço pede brincos discretos.

- Opte por tecidos que tenham um caimento natural e evitem volume desnecessário, como a seda, o algodão e a lã. Segure o lenço no meio; as pontas devem cair sem formar volume.

- Quem tem seios grandes deve evitar lenços amarrados na altura deles.

- Roupas mais formais, como os terninhos e tailleurs de trabalho, ficam mais alegres e elegantes quando combinadas com lenços.

- Lenço ou cachecol justos ao pescoço, somente para quem tem pescoço longo – caso contrário, use-os mais frouxos.

- O tamanho do lenço deve ser compatível com o seu biótipo.

- Use esse acessório por dentro da camisa, substituindo um colar.

CUIDADOS COM SUA PEÇA

- Guarde seu xale enrolado para evitar que fique marcado na dobra.
- Lave-o à mão.
- Use uma escova fina e delicada para remover o excesso das fibras.
- Quanto mais você usar seu xale, mais macio ele ficará.

MIL MANEIRAS DE USAR

O lenço amarrado ao pescoço confere um ar esportivo e sexy ao look. Pode ser amarrado tanto na lateral como na frente do pescoço. Opte por lenços mais finos, que não dão muito volume. Ideal para quem tem pescoço de médio a comprido. Não fica bem para quem possui pescoço grosso ou curto.

A echarpe jogada nos ombros é ótima para se proteger de um "ventinho", além de trazer um charme todo especial à roupa – seja no dia a dia, usada com uma camiseta por baixo, seja em eventos mais sofisticados, acompanhando um vestido de alcinhas. Não esqueça que o material da echarpe deve acompanhar a sofisticação ou a descontração da roupa. Para as mais baixas, o ideal é evitar echarpes muito longas. As mais "pesadas" devem evitar exageros, como echarpes muito volumosas ou muito pequenas.

A echarpe está transformando uma camiseta básica em um look mais produzido. Lisa, estampada ou com franjas, escolha, dentro da tendência atual, uma que combine com seu estilo.

Opções:

estilo esportivo: cores terrosas;

estilo sexy: cor preta, brilho, estampa animal;

estilo romântico: estampas florais, tons pastéis;

estilo tradicional ou clássico: cores neutras, estampas lisas;

estilo elegante: tecidos sofisticados, marcas de grifes;

estilo dramático ou moderno: estampas geométricas, cores contrastantes com a roupa, tipo roupa preta × echarpe vermelha;

estilo criativo: estampas coloridas, combinação da estampa da echarpe com a estampa da roupa.

Extremamente elegante, o lenço é perfeito para ser usado com camisa. As duas voltas pedem pescoço mais fino e longo. Opte por tecidos que não dão volume.

O lenço pode ser substituído pelo xale, desde que o uso seja adequado ao material. Se for amarrá-lo como blusa frente única, por exemplo, o material deve ser outro.

Dobre o lenço em formato triangular, amarre as duas pontas da base do triângulo nas costas. Torça as duas pontas do triângulo e amarre no pescoço. Se preferir, amarre em um courinho, como na foto.

Acessórios: por que, quando e como usá-los

Dobre o lenço em formato de triângulo e amarre na cintura. Dá um toque todo especial a seu shorts, saia, vestido ou calça.

ESTOLA DE PELE

Para ser usada com roupas habillé; é muito pesada para acompanhar roupas transparentes. Não combina com tecidos estampados.

ECHARPE

A echarpe pode ser um detalhe na roupa, quando mais discreta, seja estampada ou de uma cor, ou protagonista do look.

PUNHO E GOLA

São ótimos para modificar uma jaqueta de jeans, malha de tricot e casacos de inverno, principalmente de lã. Dão um toque sofisticado e, ao mesmo tempo, sensual. Escolha os de tons neutros, que combinam com tudo, e de pelos curtos, que parecem mais naturais. Lave suas peles sintéticas a seco e não se arrisque em usar uma verdadeira – você poderá ser vaiada ou ter sua pele pintada por aí. Vida para os animais!

BROCHE

Acessório em evidência nas últimas tendências de moda, é considerado "camaleão".

Usado em lapelas, terninhos, cós de calça, gola de blusas, prendendo lenços e echarpes, o importante é que enriqueça o visual.

DICAS...

- Você pode usar vários broches juntos em um look – em uma camisa branca, na barra virada de uma calça (somente em um lado), em bolsas, bonés... Vale desde os mais modernos até os encontrados no baú da vovó.
- Usá-lo preso a uma tira de sandália ou sapato é um charme. Experimente colocá-lo na alça de uma sandália tipo Havaiana. Pode ser um modelo diferente em cada pé ou somente em um lado.
- Em camisetas, prenda-o na alça, ou no decote, ou na barra, nas costas... enfim, use a imaginação!
- Os broches de flores continuam superfemininos. São clássicos, desde as famosas camélias usadas por Chanel até as violetas em looks mais esportivos.

APLIQUE PARA ROUPAS

Encontrados nos armarinhos, em diferentes bordados ou em paetês e miçangas, em formatos diversos – borboletas, flores, frutas, etc. Podem ser aplicados em calças, camisetas, vestidos, bolsas, modificando o visual. Costure ou cole os apliques com cola própria para tecido.

Sua roupa ganhará cara nova se você substituir os antigos botões por botões de strass, com formatos divertidos, modernos, retrôs, em cores contrastantes... Garimpe em brechós; você nem imagina o que poderá encontrar!

MÁSCARA É O NOVO ACESSÓRIO FASHION

As máscaras se tornaram um item de uso obrigatório, ganhando espaço no guarda-roupa de todos em decorrência da pandemia da Covid-19. Sua principal função é ser um item de proteção, mas, para além disso, elas viraram uma maneira de expressão.

Inseridas no dia a dia das pessoas por motivos de saúde, as máscaras invadiram o mundo da moda como mais um acessório de identificação do estilo de seu usuário.

A moda tenta traduzi-las de alguma forma, acompanhando o estilo de seu cliente. Assim, elas podem ser simples, divertidas ou de grifes.

Agora, grifes e autônomos enxergam nelas uma oportunidade de negócio, transformando o artigo em acessório fashionista desejado pelo consumidor.

Assegurada a função primeira de proteção,[1] combine a máscara com seu estilo pessoal: ela pode ter uma cor lisa e neutra, ser customizada e bordada, ter um tecido externo rendado ou um tecido igual ao de sua blusa, calça ou vestido... Enfim, combine-a de modo a se sentir bem, fazendo dela parte de sua identificação visual!

---

[1] *Para manter a eficácia protetiva da máscara, as máscaras de tecido podem ser usadas sobrepostas a máscaras cirúrgicas descartáveis, por exemplo, e devem ser evitadas em ambientes fechados. Nesses casos, deve-se priorizar o uso de máscaras do tipo PFF2, que têm maior capacidade filtrante e de vedação.*

ACESSÓRIOS PARA CABELO

Esses acessórios também carregam seu charme especial. Nada de prender seus cabelos com um elástico – a não ser que você esteja no clube, na praia ou na academia de ginástica. Mesmo assim, fica um ar de descuido. Invista nestes acessórios, que vão deixar seus cabelos poderosíssimos.

Eles ajudam a compor seu visual e, quando têm brilho, iluminam o rosto. Sempre há "aquele" dia em que não estamos muito dispostas a gastar tempo arrumando o cabelo – quando não completamente sem tempo. Uma ótima solução é usar adornos. Mas cuidado para não sair com cara de quem pegou a tiara da filha.

DICAS...

- Presilhas, tic-tac ou grampos são ótimos principalmente para segurar um repicado do cabelo, mas, se você já passou dos 25, esqueça os motivos "alegres" como Hello Kitty, florzinhas, frutinhas...
- A chamada "piranha" para prender cabelo, você encontra de diversos tipos. As de material plástico são ideais para serem usadas na praia ou piscina. Já as com banho prata ou dourado – ou até mesmo com algum detalhe em strass – podem acompanhar tanto sua roupa do dia a dia quanto um look para um jantar mais informal. Mas se esqueça delas em ocasiões de trabalho formal ou com uma roupa a rigor.
- Se você gosta de tiaras, evite as que possuem muitos detalhes, forradas de veludo, bordadas e de pedrarias. Opte pelas de tartaruga, que são clean e combinam com praticamente tudo. E tenha em mente que se trata de um acessório para o dia a dia.

Bijoux

JOIA × BIJUTERIA

A bijuteria acompanha praticamente todos os looks, seja no dia a dia, seja na festa. O que vai mudar é o material e o tamanho. Bijuterias descontraídas pedem um material mais rústico; são mais artesanais e volumosas. As sofisticadas já pedem materiais como cristal murano e pedras brasileiras com uma lapidação melhor. A joia sempre será um complemento de sofisticação maior, uma opção de estilo. No caso de uma festa mais suntuosa, o ideal é que você use uma joia à altura do evento, mas, caso você não tenha, não há nada de errado em usar uma bijuteria fina – mas, por favor, evite combinar roupas sociais com bijuterias de madeira, semente ou pedras rústicas; você corre o risco de destruir seu visual.

BIJOUX QUE COMBINAM COM SEU ESTILO

Estilo esportivo

colar: de courinho com uma placa prata.

pulseira: de courinho amarrado com um pingentinho prata.

anel: de aro grosso, prata.

brinco: argola pequena prata.

Estilo sexy

colar: gargantilha com crucifixo de strass.

pulseira: várias, de argola dourada.

anel: de dedinho, dourado.

brinco: longo, de strass.

Estilo romântico

colar: de fita, entremeado com bolinhas em tons pastéis.

pulseira: de corrente com pingentes de coração.

anel: com pedra quartzo rosa, de tamanho delicado.

brinco: com florzinhas em *biscuit*.

Estilo tradicional ou clássico
colar: uma volta de pérolas de tamanho e cor tradicionais.
pulseira: não costuma usar, mas, se optar por uma, corrente fina dourada.
anel: de ouro com uma pérola.
brinco: de ouro com uma pérola; pessoas desse estilo apreciam conjuntinhos delicados, como anel + brinco + colar.

Estilo elegante
colar: duas voltas de pérolas de cor natural ou cinza.
pulseira: bracelete de ouro.
anel: de brilhantes.
brinco: argolinha justa de brilhantes e ouro.

Estilo dramático ou moderno
colar: longo de correntes grossas, prata.
pulseira: bracelete largo prata, liso.
anel: enorme, com um pedra encrustada.
brinco: de prata, com design geométrico.

Estilo criativo
colar: de sementes.
pulseira: bracelete de madeira.
anel: de flor furta-cor.
brinco: de argola acrílica de cor néon, tipo rosa-choque.

TORNOZELEIRA E ANEL NO DEDO DO PÉ

A tornozeleira combina com as adeptas do estilo sexy, pois chama a atenção para uma zona considerada supererótica – os pés. Uma correntinha de ouro ou prata com um pingente pequeno é o ideal; não use nada pesado, que incomode. Se você tem mais de 20 anos, esqueça as fitas amarradas, pois vão dar um ar de "não tô nem aí". Caso você vá comprar um anel para o dedo do pé, pense em algo que não machuque – já vi gente passar a semana mancando por conta de um corte – e lembre-se de que o anel é usado com chinelo ou sandália. Se você precisa sustentar um look formal no trabalho ou vai a algum evento que exija uma roupa social, cuidado: nenhuma das duas opções combinam; é melhor tirá-las e usá-las nas horas de descontração.

BRACELETE

Pode ser feito de madeira, metal, osso, enfim, uma gama de materiais. Quem quer usá-lo precisa estar com o antebraço em ordem, ou seja, sem gordura extra ou flacidez. Combine-o sempre com blusa ou vestidos sem manga. Se você já passou dos 40, opte por pulseiras em vez dos braceletes.

PIERCING

Maneira de adornar o corpo por meio da perfuração e colocação de joias. Antes de Cristo, no Egito, as mulheres já ostentavam perfurações no umbigo. As pertencentes à nobreza possuíam joias de ouro no local, enquanto as escravas usavam joias que não tinham brilho. Hoje, ter um *piercing* no umbigo é muito sexy, mas exige uma barriga em ordem e um estilo de vida mais moderno. Para quem gosta de se diferenciar.

BRINCOS

Quem tem mais de um furo na orelha deve combinar os brincos na hora de usá-los, pois eles estarão muito próximos. Combinar o estilo é o ideal. O material não precisa necessariamente ser o mesmo, mas deve estar em sintonia: você não vai colocar um brinquinho de brilhantes, por exemplo, com uma bolinha de plástico, mas pode colocar um brinquinho de brilhantes com uma argolinha de ouro ou prata.

DICAS...

- Gargantilhas ou coleiras não devem sufocar o pescoço de quem as está usando.
- O brinco certo é o acabamento perfeito para qualquer tipo de roupa. Na hora da escolha, considere: seu formato de rosto, o comprimento de seu pescoço, o tamanho de suas orelhas, o corte de seu cabelo e o estilo de sua roupa. Os brincos funcionam como uma luz que brilha quando o olhar está apagado.

DECOTE × COLAR

O decote da roupa que você usa tem bastante influência na escolha do colar. As linhas formadas tanto por um como por outro devem estar em harmonia, caso contrário o colar e o decote vão brigar, e o resultado será um look poluído.

Observe o colar indicado para cada modelo de decote e não se esqueça de analisar se seu tipo físico é compatível.

DECOTE EM "V"

Colar longo. Se o decote for mais ousado, você pode optar por colocar mais voltas, preenchendo o espaço descoberto.

DECOTE REDONDO

Repita as linhas arredondadas do decote no colar. As pérolas combinam com a feminilidade e a suavidade desse decote.

DECOTE CANOA E DECOTE TOMARA QUE CAIA

Se você tem pescoço longo, os dois estilos de decote ficarão um charme se usados com gargantilha bem justa.

GOLA ALTA

Colar longo caindo sobre o tecido.

TRECHO DE ENTREVISTA
COM *Cláudia Pazinatto*
(consultora de imagem e personal stylist)

A moda está cada dia mais diversa e inclusiva. Diariamente, são lançadas novidades que movimentam o setor e aquecem o mercado, e as bijuterias fazem parte dessa nova tendência.

Os acessórios são peças fundamentais no nosso dia a dia. Sinônimo de versatilidade e elegância, eles têm o poder de dar vida até ao look mais básico, fazendo com que estejam em constante ascensão em um mercado que vem se tornando bem mais diverso e que ganhou uma grande aliada nos últimos anos: as bijuterias finas.

Com design arrojado, excelente qualidade e cravações semelhantes às das joias, as bijuterias estão cada vez mais valiosas e requisitadas, revolucionando o mercado com sua elegância e qualidade, atendendo aos gostos e padrões mais exigentes.

Este crescimento exponencial se deu principalmente pela insegurança por parte das pessoas de usar joias originais, com receio de assalto, e também por sua versatilidade, uma vez que as bijuterias possuem mais opções de design e são encontradas com mais facilidade.

Com o aumento da procura, houve mais investimento no setor e, hoje, elas não deixam nada a desejar, tornando-se objeto de desejo de diversas atrizes e outras figuras importantes internacionalmente.

Toda mulher deve ser livre para usar o que quiser e merece ter à sua disposição o que de melhor a moda pode oferecer dentro de seu estilo pessoal.

Joias

Desde que um primitivo ser humano encontrou uma "coisa amarela" brilhando sobre uma rocha e imaginou que se tratasse de um pedaço do Sol que havia caído na Terra, o ouro foi cobiçado, pois todos queriam ter um pedaço do Sol. Naquela época, o significado de poder ao ostentar uma joia era maior do que o de riqueza. Usadas há milênios como amuleto e talismã ou com o único intuito de enfatizar a beleza, as joias mantiveram intacta sua importância como complemento da moda ao longo do tempo. Elas são feitas para celebrar, marcar datas importantes em nossas vidas, eternizar; possuem o verdadeiro poder de transportar sentimentos – um dos melhores momentos na vida de muitas mulheres é ganhar uma joia de quem amam.

Símbolos de luxo e sofisticação, cada uma tem sua história, seu valor, sua imagem. Confira.

DIAMANTE

O diamante é considerado a gema mais importante, de brilho incomparável, reina absoluto. A extração de diamantes começou há mais de 2.800 anos, na Índia. Hoje a África do Sul responde por mais de 50% da produção mundial.

Dizem que um diamante é alegria eterna, símbolo de elegância, riqueza, sonho, que passará por várias gerações de uma família. Usar um anel de diamantes é uma maneira de valorizar suas mãos.

Anel de diamantes

PÉROLAS

Ninguém pode negar que as pérolas seduzem a humanidade. Simbolizam perfeição, pois de cada cem ostras apenas uma contém a pérola perfeita, o que a torna uma pedra orgânica extremamente preciosa dentro do universo metafísico das gemas. Transmitem amor, felicidade, riqueza, sem contar que são um poderoso símbolo de feminilidade.

Colar de pérolas tradicionais e de pérolas negras

Você pode usar um colar de pérolas básico, com fecho discreto, durante o dia, ou acompanhar um suntuoso vestido de festa com um modelo de duas ou três voltas – seja de comprimento médio, seja gargantilha – e fecho de brilhantes poderosíssimo.

As pérolas são um ótimo investimento como joias, pois nunca saem de moda.

Bracelete de pérola doce cultivada e diamantes

PLATINA E OURO BRANCO

Visualmente, os dois são bem parecidos. O que nos permite diferenciá-los é a resistência: a platina é mais resistente, difícil de riscar ou se danificar, além de possuir um brilho mais intenso.

ANEL DE COMPROMISSO

Foi introduzido no século II, representando a fidelidade de uma união. Adotado pelos cristãos, faz parte da cerimônia matrimonial até os dias de hoje. Diz a lenda que a veia do quarto dedo conduz ao coração.

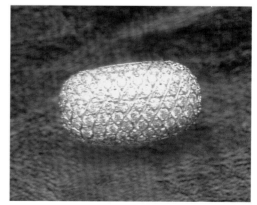

Anel de diamantes

Acessórios: por que, quando e como usá-los

Gargantilha em cascata de diamantes, lapidação brilhante e navete

O PODER DO LUXO

Se você é do tipo "uma joia não tem preço, não importa que seja o valor de um apartamento confortável", confira algumas dicas, podemos dizer, deslumbrantes!

DICAS...

- Se você tem o poder de possuir joias caríssimas e vistosas e gosta de usá-las juntas – ou seja, brinco, colar, pulseira e anel –, prepare-se para ir a uma recepção no Palácio de Buckingham; caso contrário, opte pela discrição: colar poderoso com brinco e anel mais delicados ou vice-versa.
- A dúvida de sempre: posso usar joia junto com bijuteria?? Coco Chanel desmontava suas joias verdadeiras e as misturava com peças de bijuteria. Poder, pode – desde que o material, o estilo e o design se respeitem. Você não vai colocar um brilhante chamativo no dedo usando um colar de courinho.
- O horário e o local são decisivos na escolha de sua joia: durante o dia, discretas; à noite, solte o poder, mas com bom-senso.
- O valor de uma pedra depende de sua pureza, da intensidade da cor, do corte perfeito e da qualidade.
- Quando usar um colar ou um brinco de pérolas, coloque o perfume e (se for o caso) o spray de cabelo antes de pôr a joia. As pérolas, por serem gemas orgânicas, são muito sensíveis a todos os tipos de produto químico.

- De acordo com a pureza, o brilhante branco é a pedra mais valiosa, seguido da safira, do rubi e da esmeralda. As pedras brasileiras preciosas mais poderosas são a turmalina, o topázio imperial e a água-marinha.
- Para não correr o risco de ter seu colar de pérolas arrebentado no meio do caminho, troque o fio de três em três anos.
- Depois de usar suas pérolas, limpe-as com flanela macia antes de guardá-las.
- Guarde suas joias nas embalagens originais ou envoltas em tecidos macios, como camurça.
- Para limpar corrente de ouro ou prata: mistura de água + bicarbonato de sódio.

PEDRAS BRASILEIRAS

As joias brasileiras são fruto de nossa natureza exuberante, que proporciona materiais exóticos. Da mistura de raças ao nosso tropicalismo, o design brasileiro carrega nossas características: alegre, criativo, sensual, ousado nas combinações de formas e cores. Materiais inusitados, como palha indígena e sementes, são usados em conjunto com ouro, platina, pedras preciosas e diamantes por vários designers brasileiros, conferindo uma brasilidade total às peças.

O famoso psicólogo e psicanalista Carl Jung, contemporâneo de Freud, desenvolveu um longo trabalho com as pedras e concluiu que elas constituem uma firme base de ligação e correlação com o espiritual. Confira a propriedade de algumas delas:

ágata: proporciona equilíbrio físico e mental;
água-marinha: traz paz e alegria aos relacionamentos;
ametista: ajuda na limpeza e dispersão de energias negativas;
citrino: desencadeia uma grande força vibrante, independentemente de onde esteja e como seja usada;
coral: a rosada acalma, e a avermelhada estimula;
esmeralda: propicia equilíbrio físico, mental e emocional;
granada: a vermelha representa o amor; a verde é pedra de cura;

Conjunto de pedras brasileiras: turmalina verde, citrino, topázio azul, peridoto, green gold e diamantes.

Acessórios: por que, quando e como usá-los

lápis-lazúli: tira a timidez e a melancolia;

olho de tigre: centraliza energias;

ônix: protege de mau-olhado e negatividade;

opala: traz força e beleza interior;

quartzo rosa: controla e acalma; representa o chacra do coração;

topázio: acalma preocupações, paixões, ciúmes, raivas e depressões;

turquesa: ajuda a dominar o ciúme e a infidelidade.

TIPO FÍSICO

Confira a cor e as pedras que mais iluminam seu tom de pele:

pele amarelada: pedras em cores como azul-esverdeado, laranja, verde e vermelho. Exemplos: rubi, jade, safira, esmeralda, citrino;

pele clara: pedras em cores como verde-escuro, azul-violeta, azul-esverdeado, vermelho. Exemplos: lápis-lazúli, topázio azul, turmalina, rubi, jade, esmeralda, água-marinha;

pele oliva: pedras de cores coradas, como violeta, laranja-avermelhado, vermelho, azul-esverdeado. Exemplos: granada, safira, ametista, rubi, topázio azul e laranja, coral;

pele morena: a morena jambo fica bem com cores coradas, como amarelo, roxo, verde, laranja-avermelhado, vermelho intenso. Exemplos: peridoto, turmalina, esmeralda, coral, âmbar, ametista, topázio amarelo e laranja, rubi, citrino;

pele morena escura: cores como azul, vermelho, laranja e amarelo. Exemplos: safira, granada, opala, citrino, água-marinha, coral, âmbar, rubi;

mulher ruiva: cores verde-amarelado, azul, verde, laranja-avermelhado. Exemplos: água-marinha, âmbar, coral, topázio, opala, peridoto;

mulher loira: cores como violeta, azul, vermelho, verde-claro. Exemplos: peridoto, água-marinha, rubi, granada, topázio.

Chapéu, relógio, luvas e guarda-chuva

CHAPÉU

Já antes do século XX, o chapéu era um acessório de moda extremamente importante. Além de sua função protetora, o chapéu identificava a religião, a origem social, a nacionalidade e as ideias políticas de quem o usava.

A etiqueta exigia de uma senhora, por volta de 1900, que usasse o chapéu todas as vezes que fosse sair de casa. Essa obrigação perdurou até a época da Segunda Guerra Mundial.

No Brasil, o chapéu não é um acessório tão popular, apesar de estar ganhando espaço cada vez maior na moda – como item que protege do sol ou do frio (em locais como Campos do Jordão e Gramado), para eventos sociais (como o Grande Prêmio no Jockey Club ou festas de casamento) ou, simplesmente, para complementar looks e dar um toque de charme e elegância.

TIPOS E USOS

boinas: dão um ar despojado ao visual.

chapéus de chuva da Burberry: são um luxo; se não puder adquirir um, encontre um similar.

chapéu de sarja: combina com look bem descontraído, tipo praia ou campo.

chapéu estilo retrô (mais antigo): fica melhor quando usado com roupas mais básicas e contemporâneas, para não ficar parecendo que você saiu de um filme antigo.

chapéu cowboy: é extremamente sexy; fica melhor para os mais jovens ou para ser usado no campo.

chapéu ou gorro: ambos combinam bem com looks casuais. Com sobretudo e paletó, fica muito elegante um chapéu de lãzinha – mas deixe-o ser o centro das atenções.

boné: dá um toque esportivo à roupa. Ideal para locais como praia, campo, para praticar esportes ou para passeios de fim de tarde com roupas leves e neutras; hoje encontramos bonés até em danceterias à noite, com ou sem brilho, como complemento de visual. Mas nada de usá-los com roupa social.

chapéus e casquetes: são exclusivos das cerimônias diurnas e resistem no máximo até as 18 horas.

DICAS...

- Chapéu na praia é fundamental: os de aba larga protegem a cabeça e o pescoço do sol.

- Podem-se usar boinas e bonés com cabelo longo e solto, enquanto chapéu de abas fica melhor com cabelos presos ou curtos.

- Quando você pensar em usar chapéu em algum evento, leve em conta o horário, o traje e seu biótipo.

- O rosto influi na escolha do chapéu: se seu rosto é miúdo, evite adornos de cabeça como boinas, boné e chapéus muito chamativos e/ou grandes. Se seu rosto e corpo são graúdos, esqueça os de tamanho pequeno. Se seu rosto é redondo, dê preferência a modelos geométricos. Rostos com traços angulosos ficam melhor com formatos arredondados.

- Se não quiser chamar muito a atenção, opte por esses acessórios na mesma cor de seu cabelo ou dê preferência aos de tons neutros.

- Se você vai usar chapéu em um casamento, não se esqueça de tirá-lo na hora em que chegar à festa.

- Caso a cerimônia seja ao ar livre, chapéu com aba larga é bem-vindo, e o ideal é que possua as tramas bem fechadas – como o modelo italiano em palha picot –, pois conferem sofisticação ao mesmo tempo que protegem da luz solar.

- Se o evento for à tarde, pode-se usar chapéu, mas com aba mais estreita do que os indicados para o período da manhã.

- O chapéu não pode ultrapassar a linha dos ombros e deverá estar sempre à altura das sobrancelhas.

- É recomendável que os penteados sejam sempre baixos, para que o chapéu possa ser colocado na posição correta.

RELÓGIO

Deve acompanhar seu estilo pessoal, ou seja, o estilo de sua roupa conciliado ao local. Transmite a personalidade e a situação financeira do dono. Se você não tem muitos dólares para comprar um relógio importado poderoso, não se arrisque em um falsificado; prefira um original nacional, cujo valor seja do tamanho de seu bolso.

RELÓGIO ESPORTIVO

Deve ser usado com roupas que sirvam para praticar esportes e em looks esportivos para o dia a dia.

RELÓGIO TRADICIONAL

Ideal para looks formais, como roupa de trabalho.

RELÓGIO DE FESTA

Se você não vive sem esse acessório, tenha em mente que ele precisa acompanhar a suntuosidade da roupa: não deve ser exagerado no tamanho nem no estilo, seguindo uma linha mais clássica e elegante. (O ideal é que seja em ouro branco ou amarelo ou que se mantenha dentro dessas tonalidades – desde que seja uma peça de ótima qualidade.)

Chapéu, relógio, luvas e guarda-chuva

RELÓGIO MODERNO

Para quem tem estilo mais moderno e gosta de chamar a atenção, é um ótimo enfeite para a composição.

LUVAS: QUANDO USÁ-LAS?

As luvas já foram essenciais na composição de um look. Hoje seu papel mais importante é o de proteger as mãos do frio. Use-as em caso de temperaturas bem baixas, com casaco ou blazer grosso, de pelica preta ou marrom. Elas podem ter detalhes de pele na borda ou dentro dela, para maior proteção. Agora, se você for a uma festa a rigor em um palácio em Mônaco ou à entrega do Oscar, poderá usá-las como um toque de glamour, mas fique bem atenta a estes detalhes:

LUVAS CURTAS

São permitidas de manhã, à tarde e à noite. Se for em caso de festa à noite, somente as de cetim.

LUVAS ¾

Usadas à tarde e à noite.

LUVAS LONGAS

Usadas somente à noite.

UM POUCO DE HISTÓRIA...

- No final da década de 1920, as luvas esportivas eram de suede, um tipo de couro fino, ou de fio de escócia. À noite, eram de jérsei ou seda.

- Entre os anos 1930 e 1940, as mais informais eram feitas de camurça com punho em cambraia engomado, de pelica, em duas cores, ou, ainda, brancas com nervura.

- Para cerimônias, eram usadas as luvas longas abotoadas ou as de cetim preto curtas, com a barra rebordada de lantejoulas.

- Entre os anos 1950 e 1960, as luvas para noite eram de suede, ou seja, de camurça, presas por braceletes de strass.

DICAS...

- É proibido comer e beber de luvas.
- Não tente usar anéis sobre as luvas.
- Assim como o chapéu, chegou à festa, hora de tirá-las.
- O tamanho de sua luva é o mesmo da medida da largura da palma de sua mão.
- Opte por tamanhos que fiquem justos à mão, pois com o uso as luvas lasseiam.
- Esqueça as luvas longas se você tiver o braço gordo.

GUARDA-CHUVA

É um acessório que diz muito sobre você e combina com seu estilo:

esportivo: guarda-chuva prático, de dobrar, que caiba na bolsa.
sexy: o que tiver mais pedras cravejadas no cabo ou estampa de oncinha.
romântico: com estampa floral delicada: rosinha, lilás, verdinho...
tradicional ou clássico: aquele guarda-chuva preto.
elegante: com certeza, algo como um Burberry, com seu xadrez clássico.
dramático ou moderno: de cabo liso, prateado, com o tecido em estampa moderna, ou em duas cores contrastantes, como preto com barrado vermelho.
criativo: com estampa que lembre algo saído das histórias em quadrinhos.

Acessórios masculinos

Os acessórios masculinos são poderosos na composição do look. O terno pode ser impecável, mas, se você usá-lo com uma gravata em desacordo, certamente perderá muitos pontos. Fique atento à estampa, ao tamanho do nó e à qualidade da gravata. Uma meia que destoa da cor do sapato e da calça sugere que você não sabe por onde começar... Aquele sapato de estilo duvidoso e o restante da roupa... certamente, você se perdeu. Para que o acessório funcione como uma ferramenta de valorização de seu look, aí vão minhas sugestões.

GRAVATAS

"As gravatas não são só um adorno, mas um elemento de construção do seu estilo pessoal."[1]

[1] Fernando de Barros, *Elegância: como o homem deve se vestir* (São Paulo: Negócio, 1997), p. 74.

A gravata foi introduzida no vestuário masculino no início do século XIX. Os primeiros registros vêm da Antiguidade. A palavra "gravata" se origina do termo *croates*, a maneira pela qual os soldados mercenários – em 1635 – eram chamados.

Muitos homens elegantes deixaram seu nome na história das gravatas, caso do duque de Windsor, Eduardo VII, que lançou um tipo de nó mais confortável, chamado de nó windsor.

A gravata pode ser considerada hoje a peça-chave da roupa masculina, tendo como função esconder a fileira de botões da camisa. Mais importante, tornou-se um identificador da personalidade do usuário.

DICAS...

- Um publicitário, que está mais ligado a um trabalho criativo, poderá usar uma gravata mais original. Já o executivo de uma empresa formal usa gravatas lisas ou do tipo regimental (listras diagonais) sobre camisas brancas.
- As gravatas podem ser de fibra sintética, mas as melhores são as de seda, especialmente as da região do lago de Como, na Itália, onde estão os melhores artesãos dessa especialidade.
- O nó da gravata vai depender do tipo de camisa que será usada. Para colarinho largo, fica melhor o nó mais cheio, com volume; para os demais, dê preferência ao nó médio.

- A altura ideal para a gravata é a ponta sobre o furo do cinto, nunca sobre a barriga ou por dentro da calça.
- Ainda existem pessoas que usam prendedores na gravata. Caso você opte por esse acessório, o ponto correto fica localizado 20 cm acima da ponta da gravata, prendendo-a à camisa.
- Gravata muito larga pode ficar parecendo um babador.
- É proibida gravata com camisa de manga curta.
- Cuidado na hora da composição da estampa da gravata com o restante do look, pois a liberdade permitida hoje nas combinações pode levar a ousadias perigosas, chegando ao ridículo. Para que você não corra o risco de cair nesse desequilíbrio, opte por gravatas de fundo neutro, de tom igual ao do paletó, com algumas cores complementares no desenho.
- Para acertar no comprimento, meça a parte mais fina, que servirá de referência para o comprimento da gravata, e depois faça a laçada com a ponta mais larga.
- Na hora da compra da gravata, verifique se a costura na parte inferior do lado de trás está bem-feita, evitando que a gravata se abra.
- A gravata-borboleta é usada apenas para reforçar um estilo – como faz o apresentador Jô Soares, um dos ícones nesse tipo de look – ou, então, em traje black-tie.

camisa branca: use a cor da gravata mais escura.

camisa azul: praticamente qualquer cor de gravata cai bem.

camisa colorida: use gravata cuja estampa repita a cor da camisa.

camisa escura: indica-se gravata mais escura do que a camisa.

camisa estampada: use uma gravata que repita a cor da estampa da camisa.

Acessórios masculinos

Nó windsor

1 2 3 4 5 6 7 8 9

Nó 4 in-hand

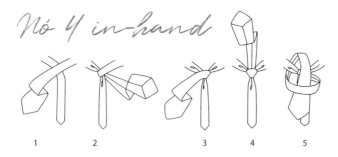

1 2 3 4 5

Nó semi-windsor

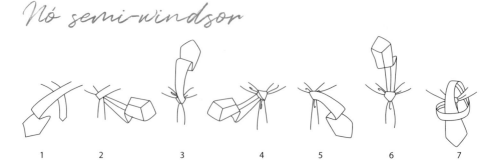

1 2 3 4 5 6 7

SAPATOS

Sapatos de qualidade, bem conservados e com modelos adequados para diversos tipos de looks são essenciais no guarda-roupa de um homem. Os sapatos dizem mais sobre você do que se imagina; são verdadeiros objetos de estilo.

Veja alguns exemplos:

sapato marrom: use com calça ou terno marrom ou bege e com jeans.
sapato preto: use com calça preta, cinza e azul.

mocassim social: fica ótimo com calça social ou em look jeans mais sofisticado.

sapato social clássico: usado em look formal. O solado deve ser de couro, e o tipo pode ser de amarrar ou com fivela discreta – no banho e no tamanho – na lateral. Exemplo: clássico oxford, de cadarço com perfurações.

sapato esportivo: solado de borracha = mocassins com ou sem franjas e pingentes, siders. Para look informal.

sandálias ou papetes masculinas de couro preto ou marrom: visual descontraído; use-as com jeans ou bermuda, sem meia.

tênis de couro: use-os com calça esportiva ou jeans.

tênis esportivo: apropriados para a prática de exercícios físicos. Use-os com roupa de ginástica.

DICAS...

- O sapato masculino acompanha a cor do cinto.
- Sapato branco, somente para médicos e dentistas.
- Sapatos de couro envernizado são próprios para serem usados à noite.
- O mocassim raso e o dockside de estilo descontraído podem ser calçados sem meia; já o mocassim de estilo mais clássico deve ser usado com meia e vai bem com calça social.
- A bota masculina foi ganhando força por ser segura, confortável e versátil. Dá um toque mais moderno ao look e faz mais presença do que um sapato.

- Se você pensa em ganhar uns centímetros por meio do salto, saiba que salto alto na roupa masculina não traz elegância nem credibilidade, pois pode chamar a atenção para uma insegurança em relação à altura. Solução adequada: sapato, meia, calça e cinto de uma mesma cor ou em tons muito próximos, que alongam a silhueta. (Cinto de cor contrastante com a roupa dá a ilusão de um corte no meio do corpo, diminuindo a altura, assim como o sapato destoante parece diminuir o comprimento da perna.)

CINTOS

- Dê preferência aos de couro e aos que combinem com os sapatos. Use cinto preto com sapato preto, cinto marrom com sapato marrom.

- Cintos formais pedem fivelas discretas; nos mais esportivos, a fivela pode ser maior ou trabalhada.

- Evite cinto preto com roupa clara.

Acessórios masculinos

- Cintos de cadarço ou lona ficam bem com calça de sarja ou jeans.
- Cinto em tressê (trançado) fica bem com mocassim ou dockside.
- O ideal é afivelar o cinto no terceiro furo.

MEIAS

- Quanto menos aparecerem, melhor. Muito critério ao combiná-las com o tom do sapato e da roupa.
- Estilo formal: use meias lisas, sociais, de cores sóbrias como marrom, preto e azul-marinho. Estilo informal: use algum tipo de trama no tecido; as meias podem ser de cores vivas; nunca use meia social. Looks bem casuais: é permitido abolir qualquer meia, desde que o sapato também seja esportivo, como alguns tipos de mocassins e drivers.
- Meias brancas devem ser de algodão e usadas de preferência com tênis. Exceções: docksides e mocassins. Com sapato social, nunca!
- Não use meias curtas com terno. Uma perna à mostra quando você se senta faz perder toda a elegância.
- Não ouse combinar meias com sandálias esportivas.
- Combinações:
  - *calça social cinza + sapato preto = meia cinza ou preta;*
  - *calça social preta ou azul + sapato preto = meia preta ou azul;*

- *sapato social marrom = meia bege ou marrom;*
- *meia clássica com losangos, puxada para o azul ou para o preto = sapato preto;*
- *meia com losangos puxados para o bege ou para o marrom = sapato marrom.*

OUTROS ACESSÓRIOS

CHAPÉU

Dizem que caiu em desuso após a popularização dos automóveis, pois era muito desconfortável dirigir com chapéu.

GORRO

Se você for jovem, pode usá-lo à vontade.

BOINAS

Os mais jovens adoram o estilo "Che Guevara"; alguns senhores de mais idade as usam para esconder a calvície e esquentar a cabeça quando o tempo está frio.

BONÉ

Muitos homens são adeptos do boné em suas horas de lazer. Não importa a idade, ele acompanhará seu look, desde que seja esportivo. Com shorts, bermuda, roupa de banho, calça jeans, é uma ótima pedida, compondo um look mais alegre e descontraído – mas nada de usá-lo com calça mais social, camisa, blazer. Deixe esse estilo diferente para quem gosta de chamar a atenção.

ABOTOADURAS

Exigem formalidade; combinam com camisas de punho duplo; são parceiras da casaca, do *smoking* e do fraque.

PORTA-NOTAS

Opte por um de couro de excelente qualidade, preto ou marrom, principalmente com uma roupa mais formal. Nunca o use recheado de papéis e documentos; é extremamente deselegante.

LENÇO

No bolso do paletó, representa um estilo mais clássico de se vestir, com tom diferente da gravata. Se você preferir o "combinadinho", use os dois com cor e estampa iguais, mas tenha em mente que esse look é óbvio e pouco criativo, gerando monotonia.

Se o lenço é de seda, a melhor maneira de colocá-lo no bolso do paletó é deixando-o estufado. Caso seja de algodão, deixe-o em formato triangular ou multipontas.

CANETA + TERNO

Usada no bolso interno do paletó. Dê preferência a uma caneta clássica; esqueça as descartáveis, pior ainda se forem promocionais.

Acessórios masculinos

GUARDA-CHUVA

Opte por um preto ou azul-marinho. Se quiser ousar um pouco, use um modelo com cabo de madeira.

SUSPENSÓRIOS

Eram obrigatórios no tempo da Revolução Francesa para segurar as calças. Hoje, principalmente os mais gordinhos podem usá-los, por vestirem melhor do que os cintos em um traje social. Evite, porém, colocar suspensórios junto com um cinto. Eles geralmente combinam com a calça e/ou com o sapato, mas algumas pessoas criativas usam suspensórios de cores ou estampas fortes para marcar seu estilo.

COLARES, ANÉIS E PULSEIRAS

Evite-os no ambiente de trabalho. Devem ser usados sempre "no mínimo". Cuidado com correntes grossas usadas com os primeiros botões da camisa abertos! Socorro!!!!!!!

Estilo made in Brasil

Nosso Brasil é cheio de tradições que retratam o artesanato; de ponta a ponta encontramos raízes culturais e diversidade de riquezas em matéria-prima. É uma moda desejável tanto no mercado nacional quanto no internacional, e ressalta a capacidade de criação de nossos estilistas, às vezes desconhecidos, mas donos de um talento inestimável.

O Brasil produz acessórios utilizando-se do material garimpado em nossas matas. Especialmente entre as regiões do Amazonas e do Ceará, encontramos sementes como jatobá, olho-de-boi, açaí, guapurucu, paxiúba e jarina – esta última conhecida como o marfim do Amazonas. Os índios e os caboclos estão entre os principais fornecedores de matéria-prima, pois conhecem bem a região onde moram e vivem à procura de plantas que podem ser transformadas em acessórios.

Cito algumas regiões do país que se destacam no artesanato. No Piauí, há as artesãs do Poti Velho, onde encontramos placas e contas trabalhadas na argila para o feitio de colares, e a cidade de Buriti dos Lopes, onde são produzidos tecidos bordados em ponto-cruz que podem ser transformados em lindas bolsas. Em Maceió, capital de Alagoas, encontramos no bairro de Pontal da Barra a renda *filet*, artesanato de mais de duzentos anos, confeccionada em uma tela de linha com bordas de madeira, com pontos que formam lindas rendas que podem ser transformadas tanto em colares como em palas para serem adaptadas em camisetas. Em Florianópolis, capital de Santa Catarina, encontramos na praia do Forte a renda de bilro, indescritivelmente uma obra de arte que enche todos os olhos, sem contar nossos criativos estilistas, como Lourdinha Noyama, que bordando a palha cria peças maravilhosas. Existe uma tendência muito forte de mostrar brasilidade em nossos acessórios, como já anunciava a capa da revista *Newsweek*, edição latino-americana, de agosto de 2004: "Brasil: a cultura que está invadindo o mundo".

Capim dourado (ouro vegetal): acessórios que parecem ouro, mas são feitos em capim. Proveniente do parque do Jalapão, Tocantins.

Estilo made in Brazil

201

Opala (pedra semipreciosa): possui todas as cores existentes nas demais pedras e é denominada "rainha das gemas"; entre os que acreditam no poder das pedras, é conhecida como a "Pedra de Deus". Proveniente de Pedro II, Piauí.

Acessórios: por que, quando e como usá-los

Colar elaborado com fibra natural do Buriti (uma palmeira do Nordeste) misturada a pedras brasileiras, prata, renda de Bilro, couro e crochê. São utilizadas técnicas indígenas no desenvolvimento da peça. Proveniente do Maranhão.

Colar de prata polida e silicone negro, premiado no iF Product Design Award 2006. Proveniente de São Paulo.

Acessórios: por que, quando e como usá-los

A jarina é uma semente Brasileira. Neste colar, foi lapidada e tingida. Proveniente do Nordeste. Bolsa artesanal trabalhada com fitas em forma de flores. Proveniente de Teresina, Piauí.

Bolsa em renda renascença, feita à mão, com alça em chifre de boi. Colar em murano, couro com aplicação em crochê, madeira, prata e pedras Brasileiras. Provenientes de Teresina, Piauí.

Acessórios: por que, quando e como usá-los

Colar em semente de açaí, pulseira de coco misturada a cristais Swarovski, bracelete de pedras brasileiras. Provenientes de diversas regiões do Brasil.

Créditos: acessórios e fotografias

P. 23, colar com franjas e brinco – Camila Klein; bota e cinto – Capodarte

P. 24, sapato e cinto – Capodarte

P. 25, sapato e bolsa – Fabiana Fregonezi

P. 26, sapato e bolsa – Capodarte; anel, pulseira e colar – Camila Klein

P. 28, colar – Originalle

P. 29, anel – Camila Vieira; pulseira – Camila Klein

Pp. 36-37, colares – Acessórios Modernos

P. 40, pulseiras – Lis Fiaschi

P. 41, pulseira – Nádia Gimenes; colar – Camila Vieira

P. 42, (estilo tradicional ou clássico) colar – Acessórios Modernos; brinco – Camila Klein; (estilo elegante) brincos – Nádia Gimenes

P. 43, (estilo dramático ou moderno) colar – Camila Vieira; (estilo criativo) colares – Nádia Gimenes

P. 48, colar – Originalle; echarpe – Giftlandia

P. 49, broche – Acessórios Modernos; brinco e pulseira – Camila Klein; lenço – Giftlandia

P. 50, pashimina – Giftlandia; colar e bracelete – Acessórios Modernos

P. 51, echarpe – Giftlandia; colar – Acessórios Modernos; brinco – Camila Klein

P. 57, cinto – Capodarte

P. 66, lenço – Giftlandia; brinco – Originalle

P. 67, colar – Acessórios Modernos; brinco – Camila Klein; lenço – Giftlandia

P. 68, colar – Camila Klein; echarpe – Giftlandia; pulseira – Acessórios Modernos

P. 72, scarpin – Fabiana Fregonezi

P. 73, sapato – Capodarte

Pp. 74, 75, 77, 81, 87, 89, 106, 107, todos os sapatos e acessórios – Shoestock

P. 76, sapatilha – Capodarte

Pp. 78, 79, 85, 86, 88, sapatos – Adobe Stock Photos

P. 80, Havaiana – Daslu

Pp. 82, 83, botas – Capodarte

P. 90, sapato salto quadrado – Capodarte

P. 99, bolsa – Minimality Acessórios

Pp. 101, 102, 103, 104, bolsas – Lenny & Cia

P. 105, carteira – Shoestock; bolsa de mão – Fabiana Fregonezi

P. 108, bolsa de praia – Acessórios Modernos; bolsa cruzada – Minimality Acessórios

P. 109, bag fun – Fabiana Fregonezi

P. 110, minibolsa – Adobe Stock Photos

P. 111, carteira – Adobe Stock Photos

P. 112, mochila – Minimality Acessórios

Pp. 128-134, óculos – Fotoptica

Pp. 142, 143, lenço – Lensoul

P. 145, echarpe – Patrícia Viera

P. 148, todos os acessórios – Giftlandia

Pp. 162-166, 170, 177-180, todos os acessórios – Julio Okubo

Pp. 186, 189, 191, 193, 197, todos os acessórios – Browns

P. 201, bolsa e colar – Meu Brasil/Heliana Alencar

P. 202, colar e anel – Opala da cidade de D. Pedro II

P. 203, colar – Artesani/Gilvana Andrade

P. 204, designer: Ivete Cattani

P. 205, bolsa – Kalina Rameiro; colar – Grãos de Ouro

P. 206, bolsa – Kalina Rameiro; colar – Artesani/Gilvana Andrade

P. 207, pulseiras – Titta Aguiar; colar – feira de artesanato de Fortaleza (Ceará)

Fotografias: Propixel Estúdio Fotográfico/Mário Sérgio de Almeida

Índice geral

Acessórios masculinos, 185
    Cintos, 193
    Gravatas, 186
    Meias, 194
    Outros acessórios, 195
        Abotoaduras, 196
        Boinas, 195
        Boné, 196
        Caneta + terno, 197
        Chapéu, 195
        Colares, anéis e pulseiras, 198
        Gorro, 195
        Guarda-chuva, 198
        Lenço, 196
        Porta-notas, 196
        Suspensórios, 198
    Sapatos, 191

Acessórios: uma introdução, 19
    Cores, 27
    Por quê?, 19
    Quando e como?, 21

Agradecimentos, 11

Bijoux, 151
    Bijoux que combinam com seu estilo, 152
        Estilo criativo, 153
        Estilo dramático ou moderno, 153

        Estilo elegante, 153
        Estilo esportivo, 152
        Estilo romântico, 152
        Estilo sexy, 152
        Estilo tradicional ou clássico, 153
    Bracelete, 154
    Brincos, 155
    Decote × colar, 156
        Decote canoa e decote tomara que caia, 158
        Decote em "V", 157
        Decote redondo, 157
        Gola alta, 158
        Joia × bijuteria, 151
    Piercing, 155
    Tornozeleira e anel no dedo do pé, 154

Bolsa, 97
    Cuidados com sua peça, 113
    Formato e tipo físico, 99
    Material, 113
    Para compor looks elegantes, 101
        Bolsa baguete, 103
        Bolsa de trabalho, 104
        Bolsa em matelassê, 102
        Bolsa Kelly/Hermès, 101
    Para compor looks no dia a dia, 107
        Bag fun, 109
        Bolsa cruzada, a tiracolo ou transversal, 108
        Bolsa de praia, 108
        Bolsa shopper bag, 107
        Carteiras, 111
        Mini bags ou minibolsas, 110
        Mochila, 112
    Para compor looks noite/festa, 105
        Bolsa a tiracolo, 106
        Bolsa clutch, 106
        Bolsa de mão, 105
        Carteira, 105

Chapéu, relógio, luvas e guarda-chuva, 173
    Chapéu, 173
        Tipos e usos, 174
    Guarda-chuva, 183
    Luvas: quando usá-las?, 181
        Luvas ¾, 181
        Luvas curtas, 181
        Luvas longas, 181
        Um pouco de história, 182
    Relógio, 176
        Relógio de festa, 179
        Relógio esportivo, 177
        Relógio moderno, 180
        Relógio tradicional, 178

Cinto e meias, 115
    Cinto, 115
    Faixas, 116
    Meias, 117
        Um pouco de história, 117
    Tipos de meias, 117
        Meia arrastão, 119
        Meia soquete, 119
        Meias com costura atrás, 120
        Meias estampadas (silkadas ou bordadas), 118
        Meias finas e transparentes, 118
        Meias opacas fio 40, 118

Créditos: acessórios e fotografias, 209

Dedicatória, 9

Estilo *made in Brazil*, 199

Estilo pessoal × acessórios, 38
    Estilo criativo, 43
    Estilo dramático ou moderno, 43
    Estilo elegante, 42

Estilo esportivo, 40
Estilo romântico, 41
Estilo sexy, 41
Estilo tradicional ou clássico, 42

Guarda-roupa × acessórios, 45
Confira a versatilidade de um vestido preto, 48
Etapa 1, 45
Etapa 2, 46
Etapa 3, 46
Etapa 4, 46
Etapa 5, 47
Etapa 6, 47
Etapa 7, 47

Joias, 161
Anel de compromisso, 165
Diamante, 162
Pedras brasileiras, 169
Pérolas, 163
Platina e ouro branco, 165
Poder do luxo, O, 167
Tipo físico, 171

Lenço, broche, máscara e acessórios para cabelo, 137
Acessórios para cabelo, 148
Aplique para roupas, 146
Broche, 145
Echarpe, 144
Estola de pele, 144
Lenço, 137
Cuidados com sua peça, 139
Mil maneiras de usar, 139
Máscara é o novo acessório fashion, 147
Punho e gola, 145

Nota do editor, 7

Óculos, 123
    Acredite... se puder!, 135
    Armação × formato do rosto, 124
    Características da face, 126
        Nariz, 127
        Sobrancelha, 126
    Cor ideal das lentes, A, 127
    Tipos de óculos, 128
        Estilo criativo, 134
        Estilo dramático ou moderno, 133
        Estilo elegante, 132
        Estilo esportivo, 128
        Estilo romântico, 130
        Estilo sexy, 129
        Estilo tradicional ou clássico, 131

Roupa de trabalho × acessórios, 63
    Regras campeãs, 64

Sapatos, 71
    Acredite... se puder!, 93
    Bico do sapato, 91
        Bicos finos, 92
        Bicos redondos ou quadrados, 91
    Saltos: quem nunca despencou deles?!, 85
        Prós e contras dos saltos, 91
        Salto alto e fino – stiletto, 85
        Salto anabela, 86
        Salto Luís XV, 89
        Salto plataforma, 87
        Salto quadrado, 90
        Salto rasteiro, 88
    Sapatos forrados, 92
    Tipos de sapatos, 72
        Boneca, 77
        Botas, 82
        Chanel, 73
        Havaianas, 80

　　　　　Mocassim, 75
　　　　　Mule, 74
　　　　　Peep toe, 81
　　　　　Sandálias, 78
　　　　　Sapatilha, 76
　　　　　Scarpin, 72
　　　　　Tênis, 81

Tipo físico × acessórios, 53
　　Se o formato de seu rosto é...
　　　　fino/comprido, 61
　　　　redondo/volumoso, 61
　　Se suas pernas são...
　　　　curtas e grossas, 58
　　　　finas e compridas, 58
　　Se você é baixinha, 55
　　Se você é do tipo "mignon", 62
　　Se você é do tipo "mulherão", 62
　　Se você é magrinha e delicada, ou baixa e magra, 57
　　Se você é muito alta e magra, 57
　　Se você está acima do peso (sendo alta ou baixa), 54
　　Se você está muito acima do peso, 55
　　Se você possui braços volumosos, 54
　　Se você possui busto...
　　　　sem volume, 60
　　　　volumoso, 59
　　Se você possui ombros...
　　　　estreitos, 60
　　　　largos, 60
　　Se você possui o rosto envelhecido, 61
　　Se você possui pescoço curto e largo, 54
　　Se você possui quadril largo, 59
　　Se você possui tornozelo grosso, 59
　　Se você possui volume na região da barriga, 55
　　Se você tem lóbulos ou orelhas grandes, 62